# 30-DAY I

# INCRE_
# IDIOMS!

Master Common Italian Idioms
in 30 Days

*by* Olly Richards

Edited by Eleonora Calviello

*30-Day Mastery Incredible Idioms!: Master Common Italian Idioms in 30 Days*

# JOIN OUR 30-DAY STORYLEARNING® CHALLENGES!

## StoryLearning

Did you know we run monthly online StoryLearning® challenges to help you master key aspects of Italian?

These challenges follow the same bold principle as this book:

We take the trickiest, thorniest and most downright annoying aspects of Italian, and help you master them in 30 days flat... through the magic of StoryLearning®!

Here's what you get when you enrol:

- An exciting original story (jam-packed with examples of the language focus)
- The written story plus audio book (so you can read or listen...wherever you are!)
- Daily video lessons with an expert teacher (so you can see clearly how the language point is being used in the story)
- Daily practice exercises (to help you remember what you've learned)
- Interactive discussion and unlimited Q&A in our private membership group

We run brand-new challenges every month... so don't miss out!

Find out about this month's challenge here:

*storylearningchallenge.com*

# FREE STORY LEARNING®
# KIT

Discover how to learn foreign languages faster & more effectively through the power of story.

Your free video masterclasses, action guides & handy printouts include:

- A simple six-step process to maximise learning from reading in a foreign language

- How to double your memory for new vocabulary from stories

- Planning worksheet (printable) to learn faster by reading more consistently

- Listening skills masterclass: "How to effortlessly understand audio from stories"

- How to find willing native speakers to practise your language with

To claim your FREE Story Learning® Kit, visit:

*https://www.iwillteachyoualanguage.com/kit*

# WE DESIGN OUR BOOKS TO BE INSTAGRAMMABLE!

Post a photo of your new book to Instagram

using #storylearning and you'll get an entry

into our monthly book giveaways!

Tag us **@ORP_books** to make sure we see you!

# BOOKS BY OLLY RICHARDS

Olly Richards writes books to help you learn languages through the power of story. Here is a list of all currently available titles:

*Short Stories in Danish For Beginners*

*Short Stories in Dutch For Beginners*

*Short Stories in English For Beginners*

*Short Stories in French For Beginners*

*Short Stories in German For Beginners*

*Short Stories in Icelandic For Beginners*

*Short Stories in Italian For Beginners*

*Short Stories in Norwegian For Beginners*

*Short Stories in Brazilian Portuguese For Beginners*

*Short Stories in Russian For Beginners*

*Short Stories in Spanish For Beginners*

*Short Stories in Swedish For Beginners*

*Short Stories in Turkish For Beginners*


*Short Stories in Arabic for Intermediate Learners*

*Short Stories in English for Intermediate Learners*

*Short Stories in Italian for Intermediate Learners*

*Short Stories in Korean for Intermediate Learners*

*Short Stories in Spanish for Intermediate Learners*


*101 Conversations in Simple English*

*101 Conversations in Simple French*

*101 Conversations in Simple German*

*101 Conversations in Simple Italian*

*101 Conversations in Simple Spanish*


*101 Conversations in Intermediate English*

*101 Conversations in Intermediate French*

*101 Conversations in Intermediate German*

*101 Conversations in Intermediate Italian*

*101 Conversations in Intermediate Spanish*


*101 Conversations in Mexican Spanish*

*101 Conversations in Social Media Spanish*

*Climate Change in Simple Spanish*


All titles are also available as audiobooks. Just search your favourite store!

For more information visit Olly's author page at:

*www.iwillteachyoualanguage.com/books*

# ABOUT THE AUTHOR

 Olly Richards is a foreign language expert and teacher. He speaks eight languages and has authored over 30 books. He has appeared in international press, from the BBC and the Independent to El País and Gulf News. He has featured in language documentaries and authored language courses for the Open University.

Olly started learning his first foreign language at the age of 19, when he bought a one-way ticket to Paris. With no exposure to languages growing up, and no natural talent for languages, Olly had to figure out how to learn French from scratch. Twenty years later, Olly has studied languages from around the world and is considered an expert in the field.

Through his books and website, IWillTeachYouALanguage.com, Olly is known for teaching languages through the power of story – including the book you are holding in your hands right now!

You can find out more about Olly, including a library of free training, at his website:

*https://www.iwillteachyoualanguage.com*

# CONTENTS

# ABOUT THIS SERIES

Dear Language Learner,

This series offers you the chance to learn difficult things a little more easily. If you've ever tried learning a language from a textbook or in a traditional classroom but found that things just didn't "click", this series is for you.

Here's the big idea: You've tried learning through rules, lectures, textbooks, and tests, but it didn't work (or it only half-worked, leaving you confused and frustrated). Traditional language learning works on this idea: "Just learn the rules, then you'll know the language!" But you soon discover that a rules-based approach to language learning only gets you so far.

Here, you're going to learn through an exciting new method called StoryLearning®. The StoryLearning® method helps you learn languages quickly – through stories, not rules. It uses the same natural learning process children use to learn their native language.

Every book in this series focuses on a different area of language. For the most part, it's grammar, but we also venture into other difficult areas, such as idioms and writing systems. The concept of the books is that you immerse yourself fully in one difficult area of language for 30 days. Smart language learners know that it takes time to learn difficult concepts. With 30 days of focus with StoryLearning®, you can learn more than you might in years of sporadic rule-based learning.

Give me your full attention for the next 30 days and you'll never go back to learning the old way again. Grammar rules that used to slip your mind will come naturally to you. Concepts that made no sense will start to "sound right". Idioms that once confused you will bring a knowing smile to your face. I've learnt eight languages using the methods in this book, and I'm excited to introduce them to you too.

Welcome to a better way to learn languages. Welcome to StoryLearning®.

Get ready for things to "click".

To your success,

Olly Richards

# HOW TO LEARN GRAMMAR IN A FOREIGN LANGUAGE

## The problem with traditional grammar teaching

If you learnt a foreign language at school, you will be familiar with the way languages are traditionally taught: Rules written on the board; a short (or long) lecture; some exceptions to the rules; an example or two; then exercises; and, finally, a test. This is the picture of traditional language learning, found in classrooms around the world.

And then, one day, you use the language in the real world to communicate with real people. You realise with a shock that real people don't speak like your textbook. People speak quickly, and you struggle to catch the words. The rules you learnt at school feel useless – it takes too long to build the sentence in your head. You realise that your classroom was a bubble, and you were never trained to use the language where it really matters – in the real world.

In the real world, you need a different set of skills.

Here's the thought process behind why languages are taught this way: a language can be broken down into rules; when you have rules, you can teach those rules; once you learn all the rules (and the exceptions to the rules) you will "know" the language and be able to use it correctly. Rules, in other words, are convenient to teach. Rules allow you to break language into tiny nuggets, which gives the illusion of it being easy. After all, the truly useful language-learning skills – memory techniques, speaking skills, reading strategies – are a lot harder to teach. Better just teach the grammar rules.

Language education has been developed on this premise for decades. From school curricula and language textbooks to digital courses and apps, language learning education has centred around teaching rules. But it's not just the educators who like rules. We, the learners, also like rules. As civilised human beings, we are conditioned to follow rules. (What does it say about us if we don't follow them?) So, we take rules very seriously. In fact, we demand rules. Perhaps these thoughts are familiar: "I need to learn all the grammar before I can speak!"; or "How can I speak if I don't know the rules?"

Make sense? Not as much as you might think.

The evidence of the failure of traditional language teaching is all around us. You need only reflect on your own experience of language learning to see this. For example, I imagine this is not the first time you have attempted to learn the topic of this particular book. If you ask yourself what it was like to study this in the past, you will probably have memories such as "I've studied this dozens of times before, but I still don't get it"; "I get the exercises correct in my textbook, but when I try to speak to a real person, I forget it all!"; or "There are too many verb endings… my brain just gets confused!"

Do these protestations sound like the result of a teaching methodology that is doing its job? Hardly.

And, in case you're wondering, it's not just you. Consider your fellow students from school or from a language class you attended – how many of them are now fluent in the language? A few, perhaps. Probably none. According to a 2014 survey in The Guardian, almost eight out of ten people who studied a popular language (such as French or German) at school say they can do no more than understand basic phrases. This is not an encouraging picture.

I'm in the unique position of reaching hundreds of thousands of language learners around the world with my books and online work, and I get to see *en masse* how widespread the failure of traditional learning is. It is not uncommon for me to hear a frustrated student say: "I've been trying to understand this grammar rule for over 25 years!"

So where does traditional language learning fall short?

The simplest explanation is that learning a language through the deliberate study of grammar and vocabulary is too big a task. There are too many words, too many rules, too many exceptions to those rules, and too much going on to be able to consciously process it all in real-time. Imagine learning to play the piano by only studying music theory! Now, imagine trying to learn an entire foreign language this way – by memorising hundreds of such rules, stacking one on top of another to form sentences. Every time you tried to speak the language, you would be forced to compute dozens of rules, variations, and exceptions, *in real-time*, and somehow make correct grammar choices every single time… including, of course, knowing when the rule you've just broken is actually totally fine to break.

The task is clearly unrealistic. Yet, we persist in learning and teaching languages this way, because, frankly, it's the way it's always been done.

## How native speakers learn their mother tongue

So, if traditional language instruction doesn't work, what does?

A good place to start answering this question is to look at the one group of people who have a one hundred percent success rate: native speakers of a language! I will not make the claim that learning a second language is the same as learning one's mother tongue – there are clearly major differences. However, if we're looking for a clue about what makes for successful language learning, we should start with the most successful language learners, and the one, simple observation that *native speakers do not learn their mother tongue from textbooks!*

Native speakers are not taught to speak their mother tongue through explanations of grammar. They do not sit in classrooms and study the rules of the present perfect before they are allowed to speak. They do not spend hours on practice exercises in textbooks to iron out their mistakes.

Instead, children learn their mother tongue naturally, over time, by interacting with the environment around them. At first, children listen to their parents, siblings, and others talking to them. They are read stories by their parents. They listen to songs. They meet other children. With time, they begin to speak. At first, they speak in single words, then strings of words, then longer sentences. They begin to express more complex ideas. To express these complex ideas, they need grammar, which is "mined" from their environment – children hear a phrase from their parents, a book, or a song and try it out themselves, without knowing the grammar rules that govern that phrase.

Children learn their native language by interacting with their environment, through speaking, listening, reading, and writing, not through studying the language, and their primary motivation at all times is to communicate better – at first to get what they need, and later to become a better part of their society and environment.

Part of the reason that children take so long to learn their native language is that they are also growing up and forming their understanding of the world during this time. Their language skills can only develop as fast as their cognitive development.

But this is good news for you.

Because, as an adult, with fully developed cognitive skills, you can learn faster than children.

## A better way to learn languages

At the start of this introduction, we saw how traditional language teaching tends to be ineffective. So, does that mean we should just toss out our textbooks and learn like children do? Well, no. In purely practical terms, it is impossible for an adult to replicate the years of complete immersion that a child enjoys when learning their mother tongue. However, while we can't replicate a child's natural environment, we can learn from their method.

For example, if you ask anyone who has successfully learnt a number of foreign languages how they went about mastering those languages, you will probably hear a variation of the same reply: "Most of what I learnt came from communicating with people and reading things I was interested in. Grammar? Sure, I looked at grammar books, but I didn't spend much time with them. I learnt grammar gradually, over time." In other words, successful learners focus on using the language for real purposes, and the details take care of themselves over time.

Just like children learning their native language, successful language learners know that the most effective way to learn is not through conscious study, but by using the language for real-world purposes. As Stephen Krashen puts it: *"We acquire language when we understand messages, when we understand what people tell us and when we understand what we read."*

Upon hearing this, you'd be forgiven for thinking "Well that's all well and good, but it sounds hard to do in practice!" And that's why I created the StoryLearning® method. With StoryLearning®, you'll still have the same structure and guidance as a regular textbook. The difference is that, rather than memorising rules, you'll be reading stories – stories that contain the words, grammar, and phrases you need to learn. By seeing valuable words and phrases in stories over and over, you'll learn them naturally, without having to force yourself through the agonising process of rote memorisation and tests.

The core belief of the StoryLearning® method is this: You can learn a language naturally when you immerse yourself in the language, as long as the material is interesting and at the right level. With the StoryLearning® method, the balance is tipped away from traditional instruction (rules, exercises, etc.), and towards learning through immersion. Unlike the full immersion of TV, movies, and novels, however, StoryLearning® material is carefully graded to be at a level you can understand, and is jam-packed with the things you need to learn at that level. This high level of exposure to language at your level, delivered in the meaningful context of a story, allows your brain to learn naturally, instead of the alternative of memorising complex rules.

Here are the beliefs about effective learning that the StoryLearning® method is based on. You'll find these beliefs come to life in this book. For those who are interested, key terms are italicised both here and in the section that follows:

- Learning hard things should be done over time, not in one 60-minute lesson

- You can learn a language better when it is *in context* (such as within a story)

- The most effective way to learn something hard is not to learn it through rules, but to *notice* how it is used in context

- You should learn with material that is *comprehensible* (just above your current level)

- You should learn with enjoyable material that *motivates* you (such as stories)

- The more deeply you *focus*, the more you will learn

- *Consistency* is vital, as you learn through *repetition*

- Understand first, speak later – speaking will come naturally once you are able to understand

But the StoryLearning® method doesn't dispense with conscious learning entirely. You will also find the following more familiar features:

- Grammar rules

- Instruction or explanations

- Practice exercises *(deliberate practice)*

Where StoryLearning® differs from traditional learning is that rules, instruction, and practice are not the *basis* of the method. Rather, they are a focusing agent that helps to provide some structure and engage your whole brain in the learning process. The belief here is that a *small amount* of deliberate learning can help. For example, when learning a difficult grammar point, it is helpful to know the basic rules of that grammar point. However, it is through seeing that rule being used in context, repeatedly, within stories, that you will *master* the grammar point – not by endlessly practicing the rules.

StoryLearning® has been designed to integrate all of these beliefs into a practical method you can follow to learn a language.

**How 30-Day Mastery works**

The 30-Day Mastery series uses StoryLearning® to help you master one particular area of language. These are the so-called "tricky" areas of language, such as a difficult grammar point, confusing idioms, or unfamiliar writing systems, such as Japanese *kanji*. As the name implies, you will be focusing on this one topic for 30 days. To maximise your depth of *focus*, these 30 days should be consecutive where possible. The *consistency* will pay off!

At first glance, the book appears to be a simple story, and it is; the book is one complete story, told over 30 chapters. But there's more. Although the story stands alone as an entertaining read (*motivating*), its main purpose is to put the topic of the book in *context*. In fact, the story is jam-packed with examples of the particular language focus of the book. For example, if the topic of the book is the subjunctive, you will find examples of the subjunctive throughout the story – always natural, and always in context.

Over the 30 days of the challenge, reading one chapter of the story per day, you will be bombarded with naturally occurring examples of the language topic within the pages of the story. Your job is simply to look out for *(notice)* where and how this language is being used. Over 30 days of intense depth and focus on the main language point, your brain will gradually get used to how the topic works, in just the same way as a child picks up the correct language from their surroundings.

Built into the stories are plenty of other features to help you learn:

- A linguistic summary of the topic of the book, to ensure you are aware of the key information and rules and make sure you know what to look for as you read

- The stories are carefully written at a low-intermediate level (A2-B1, equivalent to JLPT N4 in the case of Japanese), so you can concentrate on the topic without being distracted by difficult vocabulary

- The chapters are short – around 200 words – so you can easily complete one chapter per day without it becoming overwhelming

- Bilingual word lists at the end of each chapter help you quickly look up difficult words, so you can keep reading without fumbling with a dictionary

- Simple practice exercises give you the chance to test your understanding as you go. The point is to flex your learning muscles by being active in the learning process *(deliberate practice)*, rather than just reading the story passively

- An audio edition of each book is also available, so you can listen along as you read, giving you a deeper way to consume the story and can help speed up learning

If you can commit to spending 30 days with this book, the results will be transformative. The expectation is not that you will develop complete mastery within 30 days, but rather that you develop a native-like understanding of the topic, one that you cannot get from conscious learning. With this native-like understanding, you will be better able to use language instinctively, automatically, and "without thinking" over time, and this paves the way to reaching higher levels of fluency *(understand first, speak later)*.

Just like a child's learning, the 30 days of this challenge will not be a linear process. Expect bumps along the way. You will notice the main effects of this book only when the 30 days are complete, as it is the cumulative effect of the study, not any single day's study, that delivers the transformation. As such, don't worry if there are days when nothing seems to make sense!

After helping thousands of students to reach their language goals, I have found that the most successful students are those who learn to be happy with ambiguity, and trust in the process. Your secret weapon will be *consistency*. So, come back every day and let StoryLearning® do the work!

# THE 6-STEP
# READING PROCESS

Here is my suggested six-step process for making the most of the 30-Day Mastery series:

1. **Read the language overview.** This will make you aware of all the key facts and rules relating to the topic of the book. Don't worry about learning or memorising this information. It is intended as a signpost and meant to give you an awareness of the topic will help focus your attention as you read and engage your whole brain in the learning.

2. **Read the short plot summary at the beginning of the story.** This sets the context for the story, and will help you understand what you read.

3. **Read each chapter all the way through without stopping.** Your aim is simply to reach the end of the chapter, so don't worry if there are things you don't understand. Simply try to follow the gist of the story. If you get stuck, you can use the vocabulary list at the end of the chapter to check unknown words and phrases.

4. **Go back and read the same chapter a second time.** This time, try to actively *notice* where the language topic appears. Ask yourself questions like: "Why is this being used here?"; "What meaning does it convey?"; and "Is there a particular form or variation being used?" In the early chapters, you might like to refer back to the language overview to remind yourself of the key information. But don't slip into 'study mode' here! Your

job is to be curious, ask "Why?", and stay focused on enjoying the story.

5. **Complete the practice exercises at the end of the chapter.** These are optional, but you may find that some deliberate practice helps engage your brain and speed up learning.

6. **Come back the next day!** Remember, the value from this book comes from using it consistently over 30 days, not from intensive study of each chapter. So, once you've completed chapter one, put the book down and come back the next day. You should follow the same process every day for the remaining chapters.

Remember, StoryLearning® works gradually, not overnight. At every stage of the process, there will inevitably be words and phrases you do not understand or passages you find confusing. Instead of worrying about the things you *don't* understand, try to focus instead on everything that you *do* understand, and set your sights on completing the entire 30-day course!

Note: If you have the accompanying audiobook, you should *listen while reading* at every stage of the process. Having the audio also allows you to easily review chapters you have already studied at points during the day when reading is not practical.

# A COMPREHENSIVE LIST OF ITALIAN IDIOMS

A dime a dozen. Putting the cart before the horse. It's raining cats and dogs.

These English language expressions are idioms, which are shorthand expressions whose actual meaning is different from the literal meaning. When we say 'it's raining cats and dogs,' we don't actually mean that dogs and cats are falling from the clouds. We mean that it's raining very hard.

The word 'idiom' comes from Italian's mother language, Latin. 'Idioma' means 'a peculiarity' or 'a peculiar way of putting things.' Sometimes, an idiom, or 'idioma' in modern Italian, can be a complete sentence on its own. Other idioms are incomplete phrases like 'a dime a dozen.'

All languages have unique idioms--though, as you'll see below, many idioms express similar ideas across languages and cultures. In this chart, you'll find 85 of the most common Italian idioms in alphabetical order, along with their literal meaning, what they actually mean, and examples in Italian and English. Whenever possible, the example provides the equivalent English idiom.

So, let's get to it! The early bird catches the worm, after all!

| Idiom | Literal Meaning | Intended Meaning | Example |
|---|---|---|---|
| *Acqua in bocca!* | 'Water in [your] mouth!' | Used when talking about keeping a secret | 'I have to tell you something, but please, keep your mouth shut.' |
| | | | *'Devo dirti una cosa, ma per favore, acqua in bocca!'* |
| *Ad occhi chiusi* | 'With [my] eyes closed' | Used to indicate something that can be done very easily | 'I could drive this car in my sleep.' |
| | | | *'Potrei guidare questa macchina anche con gli occhi chiusi.'* |
| *A gambe levate* | 'To run with legs up' | To get out of a bad situation quickly | 'They saw us-- we have to run like hell.' |
| | | | *'Ci hanno visto, dobbiamo correre a gambe levate!'* |
| *A gonfie vele* | 'With inflated/ full sails' | To go well, to go smoothly | 'I expect that the date tonight will go swimmingly.' |
| | | | *'Mi aspetto che il appuntamento stasera vada a gonfie vele.'* |
| *All'impazzata* | 'Like crazy' | To move at a fast, frenetic pace (like a racing heartbeat) | 'Each time I see her, my heart beats like crazy.' |

| | | | 'You must be in love.' |
|---|---|---|---|
| | | | *'Ogni volta che la vedo, il cuore mi batte all'impazzata.'* |
| | | | *'Sarai inamorato.'* |
| *A mali estremi, estremi rimedi* | 'To bad extremes, bad remedies' | Used to talk about difficult or unpleasant situations that require difficult or unpleasant solutions | 'I closed the car with the keys inside! Desperate times call for desperate measures....I am forced to break the window.' |
| | | | *'Ho chiuso la macchina con le chiavi dentro! A mali estremi, estremi rimedi.... sono costretta a rompere la finestra.'* |
| *A perdifiato* | 'To breathlessness' | Used when referring to intensely physical activity or to intense, fast-paced work | 'The marathon is tomorrow.' |
| | | | 'So run 'til you drop!' |
| | | | *'La maratona è domani.'* |
| | | | *'Allora corri a perdifiato!'* |
| *A quattro palmenti* | 'To four millstones' | To stuff oneself with food | 'Yesterday at Mario's, I ate like a pig.' |

| | | | *'Ieri da Mario ho mangiato a quattro palmenti.'* |
|---|---|---|---|
| *Arrampicarsi sugli specchi* | 'To climb on mirrors' | To try something impossible; to try to defend a bad thing; or to have opinions not based in fact | 'That is not true; you're grasping at straws.' *'Questo non è vero, adesso non cercare ad arrampicarti sugli specchi.'* |
| *Avere il braccio corto* | 'To have a short arm' | To be cheap, to spend very little money | 'Surely I won't ask Francesco, who is a cheapskate.' *'Sicuramente non chiedo Francesco, che ha il braccino corto.'* |
| *Avere il sale in zucca* | 'To have salt in a pumpkin' | To have little common sense | 'You did a stupid thing. You're not the brightest bulb in the box.' *'Hai fatto una stupidaggine, tu non hai sale in zucca.'* |
| *Avere una cotta* | 'To have a crush' | To be attracted to someone | 'For what it's worth, it seems to me like it's you who has a crush on him.' |

| | | | |
|---|---|---|---|
| | | | '*A quanto pare, mi sembra che sei tu ad avere una cotta per lui.*' |
| *Avere un diavolo per capello* | Avere un diavolo per capello 'To have a devil for each hair' | To be furious | 'I am so angry, I'm seeing red.'<br><br>'*Sono arrabbiatissima, ho un diavolo per capello.*' |
| *Buio pesto* | 'Pitch black' | To be very dark, to be as black as pitch (tar) | 'I'm not going to the cellar, it's pitch black down there!'<br><br>'*Io non vado nella cantina, è buio pesto laggiù!*' |
| *Buon viso a cattivo gioco* | 'A nice face to a good game' | To be cheerful even if the situation is unpleasant | 'I knew it was a lie, but I had to grin and bear it.'<br><br>'*Sapevo che era una bugia, però ho dovuto far buon viso a cattivo gioco.*' |
| *Buono come il pane* | 'Good like bread' | Used to refer to a good person or, more rarely, a situation | 'Matteo is a great guy.'<br><br>'*Matteo è buono come il pane.*' |
| *Cadere dalle nuvole* | 'To fall from the clouds' | Used to refer to a sudden, unpleasant surprise | 'Laura has left me. She says she no longer loves me… what a slap in the face.' |

| | | | 'Laura mi ha lasciato. Dice che non mi ama più.. sono caduto dalle nuvole.' |
|---|---|---|---|
| *Cadere l'occhio* | 'To fall on the eye' | To grab someone's attention | 'Since it has caught my eye, could one of you two explain to me what this dog is doing here?' *'Visto che mi ci cade l'occhio, uno di voi due potrebbe spiegarmi cosa fa qui questo cane?'* |
| *Carta canta* | 'Paper sings' | Used to suggest that something should be written down, not just said aloud | 'We don't need a contract--you know you can trust me!' 'I know, but it's better to write things down.' *'Non ci serve un contratto, sai che puoi fidarti di me!'* *'Lo so, ma carta canta.'* |
| *Cavallo di battaglia* | 'A battle horse' | An area of expertise or someone's best work | 'That movie is the director's magnum opus.' *'Quel film è il cavallo di battaglia del regista.'* |

| | | | |
|---|---|---|---|
| *Cavare un ragno dal buco* | 'To dig a spider out of a hole' | To do something that's very difficult--especially when trying to get someone to speak about something | 'It seems to me like we won't squeeze blood from a stone with Giulia.' <br><br> *Mi sa che non caveremo un ragno dal buco con Giulia.'* |
| *Cervello di gallina* | 'Hen brained,' 'chicken brained' | A confused, incoherent state of mind | 'I forgot my cell phone again. I'm such a scatterbrain!' <br><br> *Ho dimenticato il mio cellulare di nuovo. Che cervello di gallina che ho!'* |
| *Che ne so* | 'What do I know' | Used to suggest you don't know about something, mostly because you don't care enough to know | 'What time will your mother arrive?' <br><br> 'How should I know?' <br><br> *A che ora arriverà tua madre?'* <br><br> *'Che ne so.'* |
| *Che palle!* | 'What testicles!' <br><br> Note: This is absolutely SFW (suitable for work). | Used to refer to something annoying or inconvenient | 'We have to stay here the whole day.' <br><br> 'What a pain in the butt!' <br><br> *Dobbiamo stare qui per tutto l'giorno.'* <br><br> *'Che palle!'* |

| | | | |
|---|---|---|---|
| *Come viene viene* | 'However it comes, it comes' | To see how a situation or action resolves and to accept the result | 'My focaccia doesn't have a recipe — let's see how it turns out.' |
| | | | *'La mia focaccia non ha una ricetta - come viene viene.'* |
| *Con le mani nel sacco* | 'With your hand in the sack' | To catch someone in a compromising position | 'Tell her the truth: I caught you with your hands in the cookie jar!' |
| | | | *'Digli la verità, ti ho colto con le mani nel sacco!'* |
| *Conosco i miei pollo* | 'I know my chicken' | To know someone or something so well you know exactly what they will do | 'I'll make you some pasta because I'm sure you'll be hungry.' |
| | | | 'How did you know?' |
| | | | 'I know you like the back of my hand.' |
| | | | *'Ti faccio una pasta perché avrai sicuramente fame.'* |
| | | | *'Ma come lo sapevi?'* |
| | | | *'Conosco i miei pollo.'* |

| | | | |
|---|---|---|---|
| *Costa un'occhio della testa* | 'an eye off the head' | Used to refer to something very expensive | 'That car is going to cost you an arm and a leg.' |
| | | | *'Quella macchina ti costerà un'occhio della testa'* |
| *Da che pulpito viene la predica!* | '[look at/ listen to] which pulpit the lecture is coming from!' | Used to describe advice someone gives that they themselves do not take | 'I think you have to leave him immediately.' |
| | | | 'Look at the pot calling the kettle black!' |
| | | | *'Secondo me devi lasciarlo immediata-mente'* |
| | | | *'Senti da che pulpito viene la predica!'* |
| *Dai tempo al tempo* | 'Give time to time' | To give something time to work out | 'He didn't call back. I am getting desperate.' |
| | | | 'Just wait and see, things will work themselves out.' |
| | | | *'Non mi ha richiamato, sto disperando.'* |
| | | | *'Dai tempo al tempo, e vedrai che le cose si sistemeranno.'* |

| | | | |
|---|---|---|---|
| *Due pesi e due misure* | 'Two weights [are] two measures' | Used to refer to unfair (double) standards | 'She can do everything while she doesn't allow me to do anything…. this is a double standard.' |
| | | | *'Lei può fare tutto mentre a me non permette niente….questo sono due pesi e due misure.'* |
| *(Essere) un asino* | 'To be an ass' | To be a fool | 'Vincenzo, you really are a donkey's ass.' |
| | | | *'Vincenzo, sei veramente un asino.'* |
| *Fare il punto della situazione* | 'To make a point of the situation' | To describe a situation accurately, to describe what has happened thus far in a situation | 'This seems to me to be the right moment to take stock of the situation.' |
| | | | *'Questo mi sembra il* |
| | | | *momento giusto per fare il punto della situazione.'* |
| *Fare le ore piccole* | 'To make small hours' | To stay up late | 'I am very tired because yesterday, I painted the town red.' |
| | | | *'Sono stanchissimo perché ieri ho fatto le ore piccole.'* |

| | | | |
|---|---|---|---|
| *Fare (qualcuno) a polpette* | 'To make [someone] into meatballs' | A threat to harm someone physically | 'If I ever see you talking to my daughter, I'll make mincemeat out of you.' |
| | | | *'Se mai ti vedrò parlare con mia figlia, ti faccio a polpette.'* |
| *Farfalle nello stomaco* | 'To have butterflies in one's stomach' | To be nervous around someone or before something--often used when talking about love | 'Yesterday I met my new neighbor....I've got butterflies in my stomach.' |
| | | | *'Ieri ho incontrato il mio nuovo vicino.... ho le farfalle nello stomaco.'* |
| *Hai voluto la bicicletta? Allora, pedala!* | 'You wanted a bike? So, pedal!'r | Used to remind someone that they wanted the situation they find themselves in | 'You were the one who wanted to come here. You made your bed--now sleep in it!' |
| | | | *'Sei stato tu a voler venire qui. Hai voluto la bicicletta? Allora, pedala!'* |
| *Ho fatto tombola* | 'To make raffles' | To get a good deal, to find a bargain | 'I'd say you've hit the jackpot, then!' |
| | | | *'Direi che hai fatto tombola, allora!'* |

| | | | |
|---|---|---|---|
| *Ho il cuore in gola!* | 'I have my heart in my throat!' | Used when nervous or excited (or both) | 'Yesterday I had to speak in front of a lot of people, and my heart was in my throat.' |
| | | | *'Ieri ho dovuto parlare di fronte a tantissima gente, avevo il cuore in gola.'* |
| *In bocca al lupo* | 'in the mouth of the wolf' | 'good luck' | 'I have to take a maths exam today.' |
| | | | 'Break a leg!' |
| | | | *'Oggi devo fare l'esame di matematica.'* |
| | | | *'In bocca al lupo!'* |
| *L'abito non fa il monaco* | 'The cowl does not make the monk.' | 'Appearances or superficial things are not what matters' | 'The clothes do not make the man.' |
| | | | *'L'abito non fa il monaco.'* |
| *Lacrime di coccodrillo* | 'Crocodile tears' | Used to refer to displays of sadness that do not seem genuine | 'You can't trust her crocodile tears.' |
| | | | *'Non devi fidarti delle sue lacrime di coccodrillo.'* |
| *Leccarsi i baffi* | 'To lick one's mustache' | To enjoy some food very much | 'This is a finger-lickin' good dinner.' |
| | | | *'Questo è una cena da leccarsi i baffi!'* |

| | | | |
|---|---|---|---|
| *Liscio come l'olio* | 'Sleek like oil' | To go smoothly | 'Surprisingly, the wedding went off without a hitch.' |
| | | | *'Sorprendente-mente, il matri-monio è andato tutto liscio come l'olio.'* |
| *Mandare all'aria* | 'To throw everything in the air' | To squander or waste something, often an opportunity | 'Darling, you can't throw your whole life away because of him.' |
| | | | *'Cara, non puoi mandare all'aria tutta la tua vita per lui.'* |
| *Mani in pasta* | 'One's hand in the pasta' | To have too much going on | That woman always has her finger in too many pies. |
| | | | *Quella donna ha le mani in pasta ovunque.* |
| *Matto da legare/matto come un cavallo* | 'Mad [enough] to be tied/mad as a horse' | To be crazy | 'That guy is fit to be tied.' |
| | | | *'Quel' tipo è matto da legare.'* |
| | | | 'You are mad as a hatter.' |
| | | | *'Ma sei matto come un cavallo, tu.'* |

| | | | |
|---|---|---|---|
| *Metterci una vita!* | 'Take a lifetime!' | Used to encourage someone to do something more quickly--so, most often used in the negative ('don't take a lifetime!') | 'Come on, we're already late now-- don't take forever!' *'Dai, siamo già in ritardo, adesso non metterci una vita!'* |
| *Mettere lo zampino* | 'To put one's [little] paw [in it]' | To be nosy, to meddle in other people's affairs | 'This is something that doesn't concern you. Don't stick your nose into other people's business.' *'È qualcosa che non ti riguarda, non mettere lo zampino.'* |
| *Morire dal ridere, morire di sonno, morire di fame, morire dal caldo/freddo* | 'To die of laughter/sleep/ hunger/heat/ cold' | To laugh very hard, to be very tired/hungry/ hot/cold | 'I am dying of hunger.' *'Sto morendo di fame!'* |
| *Morto un papa se ne fa un altro* | 'If one pope dies, you make another' | Used to refer to the idea that no one is irreplaceable or that there is always a solution to be found | 'She doesn't work with us any more. Fine, if one door closes, another one opens.' *'Non lavora più con noi. Va bene, morto un papa se ne fa un altro.'* |

| | | | |
|---|---|---|---|
| *Non avere peli sulla lingua* | 'To not have hair on one's tongue' | Used to refer to people who always say exactly what they mean | 'Carla calls it like it is--she says what she thinks.' <br><br> *'Carla non ha peli sulla lingua--dice quello che pensa.'* |
| *Non ci piove* | 'It doesn't rain on this' | Used to refer to something about which there is no doubt | 'You have made a big mistake, no doubt about that.' <br><br> *'Hai commesso un errore gravissimo, su questo non ci piove.'* |
| *Non (essere) tutto un chilo* | 'To not be one whole kilo' | Used to suggest someone is not of sound mind | 'Federica, I wouldn't want to offend you, but you really have a screw loose.' <br><br> *'Federica, non vorrei offenderti, ma tu proprio non' sei tutta un chilo.* |
| *Non vedo l'ora!* | 'I can't see the hour!' | To look forward to something very much | 'It will be great to see you again. I can't wait!' <br><br> *'Sarà bellissimo rivederti, non vedo l'ora!'* |

| | | | |
|---|---|---|---|
| *Ogni morte di papa* | 'Every death of the pope' | Used to refer to a rare event | 'How often does she come visit you?'<br><br>'Once in a blue moon.'<br><br>*'Quante volte viene a trovarti?'*<br><br>*'Ogni morte di papa.'* |
| *Ogni due per tre* | 'Every two for three' | Used to refer to something that happens very often | 'Two out of three things he says are lies.'<br><br>*'Dice bugie ogni due per tre.'* |
| *O la va o la spacca!* | 'Make it or break it' | Used when talking about a 'now or never' moment when success or failure is on the line | 'Listen, you've got to do it. It's make or break here.'<br><br>*'Senti, lo devi fare per forza, qua o la va o la spacca.'* |
| *Pane al pane e vino al vino* | 'Bread is bread, and wine is wine' | Used to refer to people who see and say things as they are | 'Luciana doesn't have any problems calling a spade a spade.'<br><br>*'Luciana non ha nessun problema a dire pane al pane e vino al vino.'* |
| *Perdersi in un bicchier d'acqua* | 'To lose yourself in a glass of water' | To make a big deal out of a small problem | 'You'll see--we'll solve everything. |

| | | | Don't make a mountain out of a molehill!' |
|---|---|---|---|
| | | | *'Vedrai che risolveremo tutto, non perderti in un bicchier d'acqua!'* |
| *Pieno come un uovo* | 'Full like an egg' | Used to indicate something that is packed, or very full | 'I came back, and the place was full like an egg.' *'Sono tornata, il posto era pieno come un uovo.'* |
| *Piangere sul latte versato* | 'To cry over spilled milk' | Used to suggest that there is no point in regretting a situation that cannot be changed | 'The dinner had been a disaster, but we didn't want to think about it. It's no use crying over spilled milk.' *'La cena era stata un disastro, ma non volevamo pensarci. Era inutile piangere sul latte versato.'* |
| *Piove sul bagnato* | 'It's raining on wet [things]' | 'Bad things rarely happen only one at a time.' | 'I had my drivers license taken away and then someone stole my car…. Bad things come in threes.' |

| | | | |
|---|---|---|---|
| | | | *'Mi hanno ritirato la patente, e poi qualcuno mi ha rubato la macchina…. piove sul bagnato.'* |
| *Piovere a catinelle* | 'To rain shallow basins' | To rain very hard | 'I can't come out, it's coming down in buckets!' |
| | | | *'Non posso uscire, sta piovendo a catinelle!'* |
| *Prendere due piccioni con una fava* | 'To take two pigeons with one fava bean' | To get two things done at the same time | 'How come you came in person to bring me these things?' |
| | | | 'I was nearby and thought I'd kill two birds with one stone.' |
| | | | *'Come mai che sei venuto a portarmi queste cose personalmente?'* |
| | | | *Ero vicino è pensavo di prendere due piccioni con una fava.'* |
| *Prendere lucciole per lanterne* | 'To take candles for lanterns' | To be easily tricked | 'I may not be a great genius, but you can't pull the wool over my eyes.' |

| | | | *Non sarò un gran' genio, ma non sono neanche il tipo a prendere lucciole per lanterne.* |
|---|---|---|---|
| *Ridotto all'osso* | 'Reduced [down] to the bone' | Used when something is greatly reduced in size | 'My salary has been cut to the bone.' *'Il mio stipendio è stato ridotto all'osso.'* |
| *Rompere il ghiaccio* | 'To break the ice' | To lift the tension in a room, to get people to feel more comfortable together | 'I told a joke because I wanted to break the ice.' *'Ho detto una barzelletta perché volevo rompere il ghiaccio.'* |
| *Rompere le scatole* | 'To break [my] boxes' | To irritate someone, to be a nuisance **Note: this is a child-friendly version of a more adult idiom ('bust my balls')** | 'Mom, I don't want to go home!' 'Pietro, don't get on my nerves.' *'Mamma, non voglio andare a casa!'* *'Pietro, non rompermi le scatole.'* |
| *Sei un coniglio* | 'To be a rabbit' | To be a coward, to be overly shy | 'In certain situations, Patrizia has a lot of courage, in others she is |

| | | | a wallflower/ chicken.' |
|---|---|---|---|
| | | | *'Patrizia, per certe cose, ha molto coraggio, per altre è un coniglio.'* |
| *Sputa il rospo!* | 'To spit the toad' | Used to encourage someone to say something, mostly often something embarrassing or unpleasant | 'I have to tell you a secret. Please don't get angry.' |
| | | | 'Come on, spit it out!' |
| | | | *'Devo dirti un segreto, ma ti prego, non arrabbiarsi.'* |
| | | | *'Dai, sputa il rospo!'* |
| *Stare con le mani in mano* | 'To stand hand in hand' | Used to complain about someone who is not doing any work or helping out | 'Well, look at that guy, standing there not lifting a finger.' |
| | | | *'Ma guarda questo, sta con le mani in mano a far' niente.'* |
| *Stare sulle spine* | 'To stand on needles' | To feel nervous anticipation about something-- often used to describe waiting nervously for news about something | 'Come on, I'm on pins and needles.' |
| | | | *'Dai, non farmi stare sulle spine.'* |

| *Stare sullo stomaco* | 'To stay on one's stomach' | Used to refer to something or someone that is annoying | 'Bruno is so annoying…. he rubs me the wrong way.' |
| --- | --- | --- | --- |
| | | | *'Bruno è cosi fastidioso… mi sta sullo stomaco.'* |
| *Tale madre/ padre tale figlio/a* | 'Like father, like son' 'Like mother, like daughter.' | Used to refer to someone who is like their parent in some way | 'Francesco has your same eyes. The apple doesn't fall far from the tree.' |
| | | | *'Francesco ha i tuoi stessi occhi. Tale padre, tale figlio.'* |
| *Testa di legno* | 'Head of wood' | Used to talk about someone who is very stubborn | 'Why don't you understand what I am telling you? You're stubborn as a mule!' |
| | | | *'Ma perché non capisci quello che ti dico, testa di legno!'* |
| *Tirare un pacco/ dare buca* | 'To throw a parcel [and] get a hole' | Used to describe the actions of someone who cannot be relied upon, usually because they are flaky rather than trying to be harmful | 'I feel like Laura has stood me up.' 'She flaked out? I'm sorry.' *'Mi sa che Laura mi ha tirato un pacco.'* *'Ti ha dato buca? Mi dispiace.'* |

| *Ti sta a pennello* | 'It suits you to a paint brush!' | Used to refer to something that fits or suits someone very well | 'What a pretty dress. It fits you like a glove!' *'Che bello quel vestito, ti sta a pennello!'* |
|---|---|---|---|
| *Tra l'incudine e il martello* | 'To be between the anvil and the hammer' | To be in a difficult position | 'I don't know what to do. I'm between a rock and a hard place.' *'Non so cosa fare, mi trovo tra l'incudine e il martello.'* |
| *Tutto fa brodo* | 'Everything makes broth.' | 'Might as well' | 'Can I invite you to dinner?' 'What's the harm?' *'Posso invitarti a cena?'* *'Tutto fa brodo, a questo punto.'* |
| *Un ago in un pagliaio* | 'A needle in a haystack' | something that's very hard to find | 'To find Maria will be like looking for a needle in a haystack, but maybe we will have some luck.' *'Trovare Maria sarà come cercare un ago in un pagliaio, ma forse saremo fortunati.'* |

| | | | |
|---|---|---|---|
| *Un colpo grosso* | 'A big blow' | A big deal, a big and important event | 'I know it would really have been a big deal for you.'<br><br>*'Lo so che sarebbe veramente stato un colpo grosso per te.'* |
| *Un pezzo grosso* | 'A big chunk' | Someone very important | 'I don't know if it's true, but I heard she got engaged to a big shot.'<br><br>*'Non so se è vero, però ho sentito che si è fidanzata con un pezzo grosso.'* |
| *Vai a farti benedire!* | 'Go get yourself blessed!' | 'Go away!' | 'I don't want to see you anymore. Beat it!'<br><br>*'Non voglio vederti più. Vai a farti benedire!'* |

# MISTERO AL CAFFÈ RINALDI

# INTRODUCTION TO THE STORY

Ludovico is the proud owner of Caffè Rinaldi, in the centre of beautiful Florence. He enjoys his work immensely and likes to get to know his clients and their lives, especially those living in the apartment complex above the cafe.

There is Mrs. Giovannella, an old lady living with her little chihuahua on the third floor of the building; Luana, an energetic single mother of two; Giuliano, a nervous and precise single man; and Gabriele, a young PhD student. They all come to the cafe at different times and tell Ludovico all about their lives, worries, and arguments (mainly about the badly behaved chihuahua soiling the building stairs and barking all night).

However, one morning Mrs. Giovannella is very distressed. She tells Ludovico that someone has kidnapped her dog! The other tenants are immediately suspected. They hated the old lady's dog!

Ludovico proposes a way to find out who among the three residents has hidden Mrs. Giovannella's chihuahua. He has a plan!

# CAPITOLO 1
# IL CAFFÈ RINALDI
# DI FIRENZE

Il Caffè Rinaldi si trova poco lontano da Piazza della Signoria a Firenze, in una piccola via tipica fiorentina. Un appartamento in quella zona **costa un occhio della testa**! Dalle finestre e dai balconcini, oltre a quella strada, si può ammirare il bellissimo campanile di Palazzo Vecchio. La posizione centrale e i bei locali della zona rendono gli appartamenti, sopra lo storico Caffè Rinaldi, tra i più ambiti a Firenze. Ludovico Guidi ha in gestione il Caffè Rinaldi, ereditato dal nonno. Solo chi non **ha sale nella zucca** rifiuterebbe di prendere in gestione un elegante caffè in quella zona. Ludovico **ha preso due piccioni con una fava** con il bar storico tra i più belli di Firenze: assiste alla vita cittadina della città e conduce un'attività, che gli frutta un buon guadagno. Le giornate al Caffè Rinaldi trascorrono in modo piacevole: è molto gradevole sedersi sulle poltrone di velluto verde a sorseggiare una calda tazza di tè, oppure gustarsi la tipica colazione italiana a base di caffè e cornetto all'elegante bancone di marmo.

*Lessico*

**ambiti** coveted
**(lui) ha in gestione** he manages
**ereditato** inherited
**gli frutta un buon guadagno** gives him a good profit
**sorseggiare** to sip

# QUIZ
# GIORNO 1

1. "Costa un occhio della testa" means:

   a. I lost an eye in the war
   b. It costs a lot of money
   c. It is very cheap
   d. My eye hurts

2. Answer the following question using the correct idiom: "Hai comprato un cellulare nuovo?"

   a. No, costa un occhio della testa, non posso permettermelo
   b. No, non ho sale in zucca
   c. Sí, conosco i miei polli
   d. Sí, non ho peli sulla lingua

3. Complete. "Lui poteva avere quel lavoro, ma ... e il colloquio è andato male".

   a. Ha la testa piena di sale
   b. Non ha sale in zucca
   c. Ha sale in zucca
   d. Ha sale in testa

4. "Avere sale in zucca" means:

   a. Having some salt in your hair
   b. It costs a lot of money

c. Cooking a pumpkin

d. Being smart, clever

5. "Prendere due piccioni con una fava" has the same meaning of:

   a. To have several irons in the fire
   b. To be in the same boat
   c. To kill two birds with one stone
   d. To go with the flow

6. Where is Caffè Rinaldi located?

   a. Roma
   b. Napoli
   c. Milano
   d. Firenze

7. Which of the following best describes the apartments above Caffè Rinaldi?

   a. Much coveted
   b. Crumbling
   c. Recently built
   d. Very small

8. Who did Ludovico inherit the bar from?

   a. his father
   b. his aunt
   c. his grandfather
   d. nobody

9. Caffè Rinaldi is a new and modern bar.

a. True
b. False

10. The days at Caffè Rinaldi pass in a pleasant way.

a. True
b. False

# CAPITOLO 2
# LA STORIA DI
# LUDOVICO GUIDI

Ludovico Guidi ha poco più di trent'anni, ma **ci sa fare** con gli affari. Si è trasferito da Milano a Firenze con la sua famiglia, quando era soltanto un bambino, e ha sempre vissuto nella sua casa vicino a Via dei Servi, visitando il Caffè Rinaldi del nonno quasi tutti i giorni. Ha ereditato il bar dal nonno e ormai sono quasi cinque anni che lavora servendo caffè, cappuccini e cioccolate calde ai suoi clienti. Indossa sempre un'elegante giacca di velluto, che gli **sta a pennello.**

È una persona molto sorridente e intelligente. Adora parlare con i suoi clienti abituali e sa sempre come coccolarli con qualche dolcetto sfizioso o tramezzino: **conosce bene i suoi polli.**

Ludovico è **buono come il pane** ed è sempre pronto a **dare una mano** ai suoi clienti. Ha una grande passione per i romanzi gialli, a volte sogna di essere proprio come Sherlock Holmes.

---

*Lessico*

**(lui) si è trasferito** he moved
**coccolarli** cuddle them
**sfizioso** yummy, tasty
**(i) romanzi gialli** mystery novels

# QUIZ
# GIORNO 2

1. Complete the sentence: "Ludovico Guidi ha poco più di trent'anni, ma _____ con gli affari".

   a. È buono come il pane
   b. Ci sa fare
   c. Gli sta a pennello
   d. Dà una mano


2. Your friend has a new dress and you'd like to tell her that it fits her very nicely. What do you tell her?

   a. Conosci i tuoi polli!
   b. Ci sai fare!
   c. È buono come il pane!
   d. Ti sta a pennello!


3. How do you say in Italian "I know who I'm dealing with"?

   a. Non ho peli sulla lingua
   b. Ci so fare
   c. Conosco i miei polli
   d. Ho sale in zucca


4. "Essere buono come il pane" means:

   a. To be a very good person
   b. I know who I'm dealing with

c. To help somebody

d. That something is very expensive

5. Complete the sentence with an idiom: "Ludovico è sempre pronto a ___ ai suoi clienti."

    a. Aiutare
    b. Servire
    c. Conoscere i suoi polli
    d. Dare una mano

6. How old is Ludovico Guidi?

    a. About 30
    b. Between 30 and 35
    c. Older than 40
    d. Younger than 30

7. In which city did Ludovico live as a child?

    a. Firenze
    b. Roma
    c. Napoli
    d. Milano

8. Ludovico always wears an elegant velvet shirt.

    a. True
    b. False

9. Ludovico knows the tastes of his regular customers.

    a. True
    b. False

10. What is one of Ludovico's great passions?

    a. Old movies
    b. Romance novels
    c. Detective novels
    d. Playing chess

# CAPITOLO 3
# I CLIENTI ABITUALI
# DI LUDOVICO

Il Caffè Rinaldi ha molti clienti abituali, ma Ludovico è particolarmente affezionato agli inquilini del palazzo sopra il suo bar. Il palazzo storico, che ospita il Caffè Rinaldi, ha quattro piani, tre dei quali ospitano dei bellissimi appartamenti. I clienti abituali di Ludovico arrivano al bar sempre alla stessa ora e ordinano sempre le stesse cose ormai da molti anni. A Ludovico piace molto parlare con i suoi clienti, conoscerli meglio e farci amicizia. Al secondo piano abita Gabriele, un ricercatore universitario prossimo a prendere un Dottorato in Biologia: è molto ansioso e, a volte, si **perde in un bicchiere d'acqua**. Un giorno era così in ansia che, a un esame, gli chiesero come si chiamava e lui non riuscì a rispondere. Il terzo piano ha due appartamenti: uno occupato dalla signora Giovannella e l'altro dal signor Giuliano. La signora Giovannella è un'elegante donna di 78 anni, che vive insieme al suo chihuahua, un cane noioso e che sembra avere sempre **un diavolo per capello**. Il signor Giuliano è un tranquillo ragioniere divorziato di 45 anni. Al quarto piano abita Luana, una mamma single di due bambini. È una donna super impegnata, che non sa mai **stare con le mani in mano**!

*Lessico*

**clienti abituali** regular customers
**(gli) inquilini** tenants
**prossimo a** he is about to
**Dottorato** PhD
**ragioniere** accountant

# QUIZ
# GIORNO 3

1.  "So sempre come gestire le situazioni e mi perdo spesso in un bicchiere d'acqua". Is the use of the idiom correct in this context?

    a. It's incorrect
    b. It's correct

2.  Complete with the right idiom: "Gabriele è un ricercatore universitario e studia molto per prendere un Dottorato in Biologia, ma è molto ansioso e, a volte ___"

    a. Ha un diavolo per capello
    b. Si perde in un bicchiere d'acqua
    c. Sta con le mani in mano
    d. È buono come il pane

3.  "I am furious!". How can you say this using an idiom?

    a. Mi sono perso in un bicchiere d'acqua!
    b. Sto con le mani in mano!
    c. Non ho peli sulla lingua!
    d. Ho un diavolo per capello!

4.  You are very nervous and you don't want anyone to disturb you. What would you say, using an idiom?

    a. Lasciami stare, oggi sono nervoso!

b. Lasciami stare, oggi dammi una mano!

c. Lasciami stare, oggi ho un diavolo per capello!

d. Lasciami stare, oggi sono buono come il pane!


5. Complete the sentence: "È una donna super impegnata, che non sa mai ___ !"

   a. Prendere due piccioni con una fava

   b. Parlare senza peli sulla lingua

   c. Dare una mano

   d. Stare con le mani in mano


6. The historic building, which houses the Rinaldi Café, has...

   a. Three floors

   b. Four floors

   c. Five floors

   d. Two floors


7. Ludovico's regulars always arrive at the bar at the same time and have been ordering the same things for many years.

   a. True

   b. False


8. Complete the sentence: "Gabriele un giorno era così in ansia che, a un esame, __ e lui non riuscì a rispondere."

   a. Gli chiesero dove abitava

   b. Gli chiesero cosa studiava

   c. Gli chiesero la sua età

   d. Gli chiesero il suo nome

9. Who is the owner of the dog?

    a. Ludovico
    b. Il signor Giuliano
    c. La signora Giovannella
    d. Gabriele

10. Il signor Giuliano works as a lawyer.

    a. True
    b. False

# CAPITOLO 4
## LUNEDÌ ORE 9:00

Un lunedì Ludovico apre il suo bar alle 8:00 come sempre e, mentre pulisce la macchina del caffè, vede entrare la signora Giovannella tutta bagnata e in pigiama. È sotto shock e disperata. Ludovico la fa subito sedere: "Signora, che cosa ci faceva fuori? Non vede che oggi **piove a catinelle**? Che cosa le è successo?", chiede Ludovico a Giovannella, mentre va a prendere alcuni asciugamani.

"Mi hanno rapito il cane! Il mio povero Romeo è scomparso questa mattina!"

"Tenga! Si asciughi, che altrimenti **muore di freddo**! Mi dica, come è sparito?", dice Ludovico, porgendo gli asciugamani.

"Questa mattina sono scesa al piano terra per prendere la posta, e quando sono tornata in casa, Romeo era sparito. Sono uscita a cercarlo per strada: lui non si allontana mai!"

"Signora si calmi, lo ritroveremo."

"In molti detestano il mio cane, me lo hanno rapito per farmi dispetto: su questo **non ci piove**!"

*Lessico*

**tutta bagnata** all wet
**(lei) è sotto shock** she is in shock
**rapito** kidnapped
**porgendo (porgere)** giving, offering
**(loro) detestano** they hate, loathe
**farmi dispetto** to spite me

# QUIZ
# GIORNO 4

1. Answer the following question with the correct idiom: "Com'è il tempo oggi?"

   a. Sto con le mani in mano!
   b. Non ci piove!
   c. Ho diavolo per capello!
   d. Piove a catinelle!

2. Complete the sentence: "Non uscire senza ombrello!! Non vedi che oggi ___?"

   a. Piove a catinelle
   b. Si muore di freddo
   c. Non ci piove
   d. Si muore di caldo

3. The temperature is very low and you are really cold. How do you say it in Italian?

   a. Piove a catinelle!
   b. Muoio di freddo!
   c. Mi perdo in un bicchiere d'acqua!
   d. Non ci piove!

4. Complete the sentence: "In molti detestano il mio cane, me lo hanno rapito per farmi dispetto: ___!"

   a. Si muore di freddo

b. Piove a catinelle

c. Su questo non ci piove

d. Piove


5. You're telling your friends something you are sure of, what idiom do you use in Italian to highlight that there is no doubt about that?

a. Su questo non ci piove

b. Piove a catinelle

c. Ci so fare

d. Mi sta a pennello


6. La signora Giovannella enters the bar all wet and...

a. Naked

b. In evening dress

c. In a swimsuit

d. In pajamas


7. She thinks that her dog...

a. Has been killed

b. Ran away

c. Fell down the stairs

d. Has been kidnapped


8. Complete the sentence: "La signora dice che i suoi vicini ___ il suo cane"

a. Amano

b. Odiano

c. Non guardano

d. Coccolano

9. The dog's name is Romeo.

    a. True
    b. False


10. Ludovico says he will not help the lady find the dog.

    a. True
    b. False

# CAPITOLO 5
# LUNEDÌ ORE 10:30

Ludovico trascorre del tempo con la signora Giovannella in lacrime, cercando di consolarla e di avere più informazioni sui fatti successi durante la mattina, non riuscendo a **cavare un ragno dal buco**. Alle 10:30 Luana entra nel Caffè Rinaldi come suo solito, si muove a scatti ed è sempre di fretta, perchè piena d'impegni tra lavoro e figli. **Senza avere peli sulla lingua** commenta l'aspetto della signora Giovannella: "Santo cielo! Ha un aspetto orribile, che cosa le è successo?"

"Mi hanno rapito il cane! Il mio povero Romeo!", continua a piagnucolare la signora Giovannella.

"Ah beh, è lei che lascia quella povera bestia girare per tutto il palazzo in libertà. **Ogni due per tre** fa la pipì davanti alla porta del mio appartamento. È davvero insopportabile!", si lamenta Luana, mentre beve il suo solito cappuccino.

"Non parli così del mio povero Romeo! È solo una povera bestiolina. Chissà dov'è adesso!"

"Secondo me è scappato e meno male! Forse le scale smetteranno di puzzare di pipì di cane!", continua a dire Luana in modo acido.

Le due donne iniziano a discutere, quindi Ludovico interviene a **calmare le acque**: "Signore, è inutile continuare questa discussione. Tutti sappiamo quanto Romeo sia importante per la signora Giovannella ed è nostro compito aiutarla a trovarlo!"

*Lessico*

**in lacrime** in tears, crying
**(lei) si muove a scatti** she moves jerkily
**Santo cielo!** My goodness!
**piagnucolare** to whine
**meno male** thank goodness

# QUIZ
# GIORNO 5

1. Which is the meaning of the idiom "cavare un ragno dal buco"?

   a. Speak plainly
   b. Failing to achieve anything
   c. Look for a spider you can't find
   d. Very often

2. Complete the sentence "Le ho chiesto informazioni, ma non mi ha detto niente: non sono riuscita a ___"

   a. Essere buono come il pane
   b. Calmare le acque
   c. Cavare un ragno dal buco
   d. Morire di freddo

3. When someone "parla senza peli sulla lingua"...

   a. He calms a tense situation
   b. He speaks plainly
   c. He is very nervous
   d. None of the above

4. "Lucia mi telefona ogni due per tre". How often does Lucia call you?

   a. Never
   b. Sometimes

c. Everyday

d. Very often

5. Complete: "Le due donne iniziano a discutere, quindi Ludovico interviene a __ "

a. Parlare senza peli sulla lingua

b. Cavare un ragno dal buco

c. Stare con le mani in mano

d. Calmare le acque

6. Luana enters the Rinaldi Café moving in jerks and and in a hurry.

a. True

b. False

7. Luana tells Giovanella that she is very elegant.

a. True

b. False

8. Luana is having...

a. A cappuccino

b. A coffee

c. A juice

d. A sandwich

9. The stairs of the building smell of...

a. Bleach

b. Garbage

c. Garlic

d. Dog pee

10. "Ludovico interviene a calmare le acque". This means that he...

    a. Is very nervous
    b. Tries to calm things down
    c. Is freezing to death
    d. Doesn't obtain any information

# CAPITOLO 6
## LUNEDÌ ORE 14:00

Luana torna ai suoi numerosi impegni e la signora Giovannella, ancora singhiozzando, torna a casa per calmarsi un po', dopo l'accaduto. La mattina prosegue come al solito. Alle 14:00 arriva puntuale Giuliano per l'espresso della pausa pranzo. Quando Ludovico gli racconta del cane scomparso di Giovannella, lui sembra **cadere dalle nuvole**: "Ma come scomparso?", chiede Giuliano, "È impossibile liberarsi di quel cane noioso. Comunque **morto un papa se ne fa un altro**... Magari Giovannella si può prendere un cane di peluche questa volta!", conclude ridendo. A Ludovico sembrano strane le affermazioni di Giuliano, lui non si era mai lamentato del cane, ma a quanto pare, anche lui non lo sopportava più.

"Comunque strano che sia sparito nel nulla il chihuahua, io l'ho intravisto ieri sera. Tra l'altro quel cane **rompe le scatole** al ragazzo che vive al secondo piano: ieri lui e Giovannella hanno **fatto storie**!"

---

*Lessico*

**singhiozzando** sobbing
**dopo l'accaduto** after the fact
**cane di peluche** stuffed dog
**(lui) non lo sopportava più** he couldn't stand it anymore
**a quanto pare** apparently
**sparito nel nulla** vanished into thin air

# QUIZ
## GIORNO 6

1. "Mi ha detto della cena di stasera, ma io non ne sapevo niente". Pick the right idiom to replace "non ne sapevo niente" in this sentence.

   a. Rompo le scatole
   b. Ogni due per tre
   c. Sono caduto dalle nuvole
   d. Morto un papa se ne fa un'altro

2. "Morto un papa se ne fa un altro" means:

   a. I didn't know about it
   b. No one is irreplaceable
   c. To bother
   d. Create problems

3. Marco bothers his friends: "Marco ___ ai suoi amici."

   a. Cade dalle nuvole
   b. Rompe le scatole
   c. Calma le acque
   d. Ha un diavolo per capello

4. Laura has been left by her boyfriend, what can you say to comfort her?

   a. Non rompere le scatole
   b. Calma le acque

c. Non cavare un ragno dal buco

d. Morto un papa se ne fa un'altro


5.  Complete this sentence that a mother might say to her child in a toy store: "Basta ___ : ti ho detto che non possiamo comprare quel giocattolo!"

    a. Fare storie

    b. Cadere dalle nuvole

    c. Non cavare un ragno dal buco

    d. Parlare senza peli sulla lingua


6.  After the dog goes missing, everyone sets immediately out to find him.

    a. True

    b. False


7.  Giuliano begins to cry when he learns of the dog's disappearance.

    a. True

    b. False


8.  Ludovico thought that Giuliano...

    a. Hated the dog

    b. Had kidnapped the dog

    c. Loved the dog

    d. Had never complained about the dog, but he probably couldn't stand it anymore either


9.  Giuliano says that...

a. He glimpsed the dog the night before
b. He hasn't seen the dog for a few days
c. He doesn't know what dog they are talking about
d. He saw the dog that morning

10. "Il ragazzo che vive al secondo piano e Giovannella hanno fatto storie" means:

a. They had a party
b. They wrote a story together
c. They argued
d. They have a relationship

# CHAPITRE 7
# IL LITIGIO TRA GABRIELE
# E GIOVANNELLA

Ludovico, incuriosito, chiede a Giuliano di raccontargli quel che era successo la sera prima tra Gabriele e Giovannella.

"Hanno iniziato a litigare! Gabriele ieri sera, dopo cena, ha bussato alla porta di Giovannella, lamentandosi del cane che abbaiava. Giovannella ha iniziato **ad arrampicarsi sugli specchi,** dicendo che non era il suo cane quello che faceva rumore, ma quello di un palazzo accanto. Gabriele si è lamentato di non riuscire a studiare, e Giovannella lo ha chiamato **testa di legno!** Hanno iniziato a discutere e Gabriele era **matto come un cavallo**: non riusciva proprio a calmarsi!"

"Come è finita la discussione?", chiede Ludovico curioso e in tono da investigatore.

"È finita che Giovannella ha **sbattuto la porta in faccia** a Gabriele. Chissà, magari Gabriele si è voluto vendicare... Sai, **chi la fa l'aspetti!**"

Ludovico inizia ad avere alcuni sospetti su Gabriele. Il ragazzo da tempo si lamentava del cane che abbaiava, perché stressato dalla tesi di laurea.

*Lessico*

**abbaiava** barked
**chissà** maybe, who knows
**magari** maybe, perhaps
**(lui) si è voluto vendicare** he wanted to take revenge
**tesi di laurea** degree thesis

# QUIZ
# GIORNO 7

1. A friend is trying without success to justify the fact that he forgot an important date. Which idiom can you use to indicate that he's clutching at straws?

   a. È matto come un cavallo
   b. Si arrampica sugli specchi
   c. Rompe le scatole
   d. Morto un papa se ne fa un altro

2. If I say that a person is a "testa di legno", I mean that...

   a. He/She is smart
   b. He/She has a big head
   c. He/She is stubborn
   d. He/She is upset

3. Complete the sentence with the correct idiom: "Hanno iniziato a discutere e Gabriele era ___ : non riusciva proprio a calmarsi!"

   a. Testa di legno
   b. Buono come il pane
   c. Arrampicato sugli specchi
   d. Matto come un cavallo

4. Giovanella is very angry with Gabriele and she slammed the door in his face. How do you say this in Italian?

a. Gli ha sbattuto la porta in faccia
b. Lei ha calmato le acque
c. Lei si è arrampicata sugli specchi
d. Lei gli ha dato una mano

5. "Chi la fa l'aspetti" means...

    a. It costs an arm and a leg
    b. What goes around comes around
    c. To freeze to death
    d. To clutch at straws

6. Gabriele knocked on Giovannella's door, complaining about the fact that the dog was...

    a. Barking
    b. Running around
    c. Peeing on the stairs
    d. Howling

7. Giovannella admitted that it was her dog making noise.

    a. True
    b. False

8. To say that a person is a little crazy and unpredictable, in Italian we say that he is "matto come..."

    a. Una mucca
    b. un asino
    c. Un pesce
    d. Un cavallo

9. Giuliano says that maybe Gabriele wanted to take revenge on Giovannella.

   a. True
   b. False

10. Gabriele is nervous and stressed because of...

   a. His work
   b. The dog
   c. The clients of the bar
   d. His degree thesis

# CAPITOLO 8
# LUNEDÌ ORE 17:15

Ludovico aspetta impaziente che arrivi l'ora in cui Gabriele di solito scende dal suo appartamento a prendere un tramezzino per merenda al Caffè Rinaldi.

Alle 17:15 Gabriele entra lamentandosi come suo solito: "Ludovico buonasera, per favore dammi il tramezzino più grande che hai, perché ho un terribile **buco nello stomaco**! Sarà per l'ansia, o per quel maledetto cane che non mi fa né studiare né dormire!"

"Giuliano mi ha raccontato che hai avuto una brutta discussione con Giovannella ieri sera.", inizia a indagare Ludovico, mentre serve al ragazzo il tramezzino più farcito e delizioso che aveva in vetrina.

Gabriele addenta la sua merenda e con la bocca piena inizia a borbottare: "Sì, guarda **non ho chiuso occhio** tutta la notte. Quel cane e la sua padrona vogliono **mandare all'aria** tutto quello che ho fatto per finire questo dottorato. Comunque… Che buono questo tramezzino: è da **leccarsi i baffi**!"

---

*Lessico*

**tramezzino** sandwich
**per merenda** as a snack
**come suo solito** as (his) usual
**farcito** filled
**(lui) addenta** he bites
**borbottare** to mumble, to grumble

# QUIZ
# GIORNO 8

1. If I say "Ho un buco nello stomaco", it means that...

   a. I have a stomach ache

   b. I am hungry

   c. I have a wound in my stomach

   d. I am stressed

2. Gabriele didn't sleep all night. How can you say this sentence using an idiom?

   a. Non ha chiuso occhio

   b. Ha un buco nello stomaco

   c. Ha mandato tutto all'aria

   d. Ha un diavolo per capello

3. Complete: "I put a lot of energy into this relationship, but in the end I behaved badly with Sara and..."

   a. Non ho chiuso occhio

   b. Ho un buco nello stomaco

   c. Ho mandato tutto all'aria

   d. Ho un diavolo per capello

4. If someone, after trying a food you cooked, tells you: "È da leccarsi i baffi!"...

   a. They're saying that they would give the food to the cat

b. They're saying something negative about your food

c. They're saying your food has soiled their moustache

d. They're saying that your food is yummy

5.  Complete with 2 idioms: "Stanotte ___ e stamattina ero così stanco che non ho fatto colazione: adesso ho ___ !"

    a. Ho un buco nello stomaco / Ho mandato tutto all'aria

    b. Ho mandato tutto all'aria / Mi lecco i baffi

    c. Non ho chiuso occhio / Un buco nello stomaco

    d. Non ho chiuso occhio / Ho mandato tutto all'aria

6.  Gabriele usually comes down from his apartment to get a sandwich...

    a. As a snack in the morning

    b. As a snack in the afternoon

    c. For lunch

    d. For dinner

7.  Gabriele says he has "un buco nello stomaco", because...

    a. He is very anxious

    b. He didn't have lunch

    c. He has a stomach ache

    d. None of the above

8.  Ludovico says that Gabriele argued with Giovanella the night before.

    a. True

    b. False

9. Who argued with Giovannella the night before?

    a. Gabriele
    b. Ludovico
    c. Luana
    d. Giuliano

10. Gabriele really likes the sandwich he is eating.

    a. True
    b. False

# CAPITOLO 9
# IL RACCONTO DI GABRIELE

"Il cane della signora Giovannella è scomparso questa mattina, sei stato forse tu a **metterci lo zampino**?"

"Io?! Sono stato tutta la mattina a dormire! Sarà stato Giuliano: ieri sera ha **fatto storie** anche lui con Giovannella. Quel cane non piace a nessuno."

"Strano! Questo Giuliano non me lo ha detto."

"Giuliano **prende lucciole per lanterne**! Ultimamente è distratto. Comunque quando sono salito al terzo piano per chiedere alla signora Giovannella di tenere tranquillo il cane o, almeno, di chiudere le finestre per non far arrivare troppo rumore al secondo piano, Giuliano era già lì a discutere. Diceva che il pianerottolo puzza di pipì di cane. Da come ne parlava sembra che abiti sul pianerottolo, invece che dentro il suo appartamento."

Gabriele finisce il suo tramezzino voracemente e torna a lavorare alla sua tesi, lasciando Ludovico pieno di sospetti. In questa situazione del cane scomparso, qualcuno deve **averci messo lo zampino**.

## Lessico

**distratto** absent-minded
**il pianerottolo** the landing
**(lui) puzza** it stinks
**voracemente** greedily

# QUIZ
# GIORNO 9

1. How can you say "To interfere in a matter"?

   a. Fare storie
   b. Metterci lo zampino
   c. Prendere lucciole per lanterne
   d. Conoscere i propri polli

2. Two friends wonder who spread a rumor. Complete the sentence: "Sicuramente Maria ___"

   a. Ha fatto storie
   b. Preso lucciole per lanterne
   c. Si è arrampicata sugli specchi
   d. Ci ha messo lo zampino

3. "Fare storie" means...

   a. Discutere, litigare
   b. Raccontare una storia
   c. Avere una relazione
   d. Essere una persona buona

4. Is the use of the following idiom correct or incorrect? "Carlotta è molto distratta, ieri per la strada ha salutato una ragazza perché l'ha scambiata per Anna...prende sempre lucciole per lanterne!"

   a. Correct
   b. Incorrect

5. When someone "prende lucciole per lanterne", it means...

   a. He/she realises something that other people already know
   b. He/she is a quiet person
   c. He /she mistakes one thing for another
   d. He/she is an outspoken person

6. Ludovico insinuates that Gabriele has something to do with the disappearance of the dog.

   a. True
   b. False

7. Gabriele says he spent the morning...

   a. Reading
   b. Studying
   c. Sleeping
   d. Away from home

8. Giuliano argued with Giovannella because he says that...

   a. The dog barks loudly
   b. She walks around the house in heels
   c. The landing smells like dog pee
   d. None of the above

9. After the conversation with Gabriele, Ludovico is calm and has no suspicions.

   a. True
   b. False

10. Complete: "In questa situazione del cane scomparso, qualcuno deve ___ ".

a. Metterci lo zampino
b. Mettere lo zampino
c. Avere lo zampino
D. Averci messo lo zampino

# CAPITOLO 10
# I TRE SOSPETTATI

Chissà perché Giuliano non aveva menzionato a Ludovico del suo litigio: aveva paura di essere sospettato?

Gabriele aveva raccontato la sua versione della storia, dicendo di essere stato gentile con Giovannella. Luana stessa quella mattina era sembrata molto felice di sapere che il cane fosse sparito.

Secondo Ludovico, sono tutti possibili colpevoli del rapimento del povero cane Romeo. Tutti e tre hanno un comportamento strano: **la situazione non quadra**.

Ludovico **fa il punto della situazione**: quel chihuahua era detestato da tutti.

Giovannella, purtroppo, aveva la cattiva abitudine di lasciarlo correre all'impazzata libero per il palazzo e l'animale disturbava tutti. Strano che la signora Giovannella non avesse **colto** il rapitore **con le mani nel sacco** quella mattina!

Ludovico decide di chiamarla per avere più dettagli su come si era svolta la mattinata, prima della sparizione di Romeo.

*Lessico*

**colpevoli** guilty
**correre all'impazzata** to run wildly
**(lui) aveva paura di** he was afraid of
**essere sospettato** being suspected
**sparizione** disappearance

# QUIZ
# GIORNO 10

1. Is the use of the following idiom correct or incorrect? "Molto bene, qui è tutto pronto: la situazione non quadra."

   a. Correct
   b. Incorrect


2. If I say "La situazione non quadra", I mean...

   a. There's something wrong
   b. I mistake one thing for another
   c. I caught somebody red-handed
   d. None of the above


3. Pick the right idiom for this situation: A group of colleagues get together to see how a project is progressing and...

   a. Cogliere con le mani nel sacco
   b. Fare storie
   c. Rompere le scatole
   d. Fare il punto della situazione


4. How do we say "to take stock of the situation" in Italian?

   a. Prendere qualcuno con le mani nel sacco
   b. Fare il punto della situazione
   c. Saperci fare
   d. Arrampicarsi sugli specchi

5. What object would complete this idiom? "Cogliere qualcuno con le mani…"

   a. Nella borsa
   b. Nel barattolo
   c. Nel sacco
   d. Nelle tasche

6. Complete this sentence: "La polizia ha colto i ladri ____ "

   a. Ogni due per tre
   b. La situazione non quadra
   c. Con le mani nella borsa
   d. Con le mani nel sacco

7. Giuliano had not told Ludovico that he had quarreled with Giovannella.

   a. True
   b. False

8. Ludovico begins to have suspicions about a possible dog kidnapper.

   a. True
   b. False

9. Giovannella, had the bad habit of…

   a. Letting the dog pee in front of the building
   b. Leaving the dog alone in the house
   c. Letting the dog run wild and free around the building
   d. Playing with the dog in the stairs of the building

10. At the end of the chapter, Ludovico decides to call...

    a. Luana
    b. Giovannella
    c. Gabriele
    d. Giuliano

# CAPITOLO 11
# QUANDO È STATO VISTO
# IL CANE L'ULTIMA VOLTA

Giovannella scende al Caffè Rinaldi per incontrarsi con Ludovico: si è cambiata e truccata e ha di nuovo il suo solito aspetto elegante e curato.

Ludovico le offre una bella tisana calda e Giovannella inizia a raccontare: "Mi sveglio sempre molto presto la mattina e ho sempre accanto il mio adorato Romeo. Questa mattina gli ho dato da mangiare come al solito, poi mi sono messa la vestaglia e sono scesa a prendere la posta. Quando vado al primo piano, lascio sempre la porta del mio appartamento aperta, così Romeo può fare la sua solita passeggiata fino al quarto piano. Mi sono attardata più del solito per prendere la posta, perché mi sono **persa in chiacchiere** con il postino. Sono rientrata in casa alle 8:20 circa e non sono riuscita a trovare Romeo. L'ho chiamato e cercato ovunque nel palazzo. Nulla. Se trovo chi lo ha preso **lo riduco in polpette**!"

"Stia calma signora Giovannella, **diamo tempo al tempo**. Ha incontrato qualcuno mentre usciva a prendere la posta?"

"Mi faccia pensare. La mattina **dormo in piedi**, non so se mi ricordo. Ah sì! Certo, ho incontrato Gabriele, che usciva dal suo appartamento, non mi ha nemmeno salutata. Che maleducato quel ragazzo!"

"Questo è molto strano. Ho incontrato Gabriele prima e mi ha detto di aver dormito tutta la mattina. Ho un'idea!"

*Lessico*

**(lei) si è cambiata e truccata** she changed her clothes and she made up
**tisana** herbal tea
**vestaglia** robe, dressing gown
**(io) Mi sono attardata** I lingered
**nulla** nothing

# QUIZ
# GIORNO 11

1.  Pick the one from the following options that means "get lost in chatter."

    a. Ridurre in polpette
    b. Perdersi in chiacchiere
    c. Dare tempo al tempo
    d. Dormire in piedi

2.  Marta was supposed to arrive half an hour ago and she's late. When she arrives she says "scusate, ho dato tempo al tempo con un'amica e ho fatto tardi!". Is this the correct idiom?

    a. Yes
    b. No

3.  Marta was supposed to arrive half an hour ago and she's late. How would you complete her sentence ""scusate, ___ con un'amica e ho fatto tardi!" using an idiom?

    a. Ho ridotto in polpette
    b. Abbiamo dato tempo al tempo
    c. Mi sono persa in chiacchiere
    d. Ho dormito in piedi

4.  "Ridurre qualcuno in polpette" indicates that you...

    a. Really want to see that person

b. Are tired of that person
c. Are very angry with that person
d. None of the above

5. Complete with the correct idiom: "Non avere fretta, ___, vedrai che i risultati arriveranno."

   a. Non fare storie
   b. Dai tempo al tempo
   c. Parla senza peli sulla lingua
   d. Fai il punto della situazione

6. Which of the following is a way of saying "I am very tired, I need to sleep"?

   a. Dormo in piedi
   b. Ho un diavolo per capello
   c. Cado dalle nuvole
   d. Prendo lucciole per lanterne

7. Giovannella goes down to Caffè Rinaldi badly dressed and without make-up.

   a. True
   b. False

8. Giovannella says that...

   a. She always wakes up very early in the morning and she doesn't know where the dog is
   b. She always wakes up very early in the morning and the dog is already out on the stairs
   c. She always wakes up very late in the morning and the dog is by her side

d. She always wakes up very early in the morning and the dog is by her side

9. Giovannella stopped to talk to...

    a. The postman
    b. The bartender
    c. The butcher
    d. The baker

10. Romeo, the dog, had already disappeared by 8.20 a.m.

    a. True
    b. False

# CAPITOLO 12
# L'IDEA DI LUDOVICO

A Ludovico piace molto fare indagini e in quel momento gli viene in mente di organizzare una "cena con delitto". Lo propone subito a Giovannella.

"Cena con delitto?", chiede Giovannella confusa.

"Sì, una cena con delitto! Riuniamo a cena tutti i sospettati stasera, li spingeremo a confessare il misfatto! **O la va o la spacca!**"

Giovannella non sembra convinta dell'idea avuta dal giovane barista. Non ha voglia di metter troppo **le mani in pasta**, cucinare e avere ospiti: si sente troppo **giù di corda.**

"Signora non si preoccupi, l'aiuto io e andrà tutto **liscio come l'olio**! Adesso sono le 18:30 e io oggi chiuderò il Caffè Rinaldi prima, per aiutarla a cucinare e ad apparecchiare la tavola. Non perda tempo! Inviti Luana, Gabriele e Giuliano a cena."

Ludovico si occupa degli ultimi clienti rimasti nel locale e poi chiude le porte del Caffè Rinaldi: ha un mistero da risolvere. Aiuta la signora Giovannella a cucinare un'ottima pastasciutta al ragù e alcuni crostini, come antipasto. Gli ospiti arriveranno alle 20:30.

*Lessico*

**indagini** investigations
**delitto** murder, crime
**misfatto** crime, wrongdoing
**(lei) non ha voglia** she's not in the mood
**apparecchiare la tavola** set the table

# QUIZ
# GIORNO 12

1. Which one means "either it works perfectly or it will be a failure"?

   a. Mettere le mani in pasta
   b. Essere giù di corda
   c. O la va o la spacca
   d. Liscio come l'olio

2. Marco didn't study a lot for an exam, but he'll try to pass it anyway. He says "provo lo stesso a dare l'esame, o la va  la spacca!". Is this correct or incorrect?

   a. Correct
   b. Incorrect

3. Complete the sentence to indicate getting involved in some business: "Mettere le mani…"

   a. In acqua
   b. In pasta
   c. In olio
   d. In corda

4. "I'm sorry, I'm not coming to the dinner tonight. I'm feeling sad…". What expression would you use in this situation?

   a. Sono liscio come l'olio

b. Dormo in piedi

c. Ho le mani nel sacco

d. Sono giù di corda

5.  Your friend is about to start a new job, you want to reassure her and tell her that everything will go smoothly. What would you tell her?

    a. Tutto andrà liscio come l'olio!

    b. Sarai giù di corda!

    c. O la va o la spacca!

    d. Diamo tempo al tempo!

6.  What is a "Cena con delitto"?

    a. They gather all the suspects for dinner with a plan to kill someone

    b. They gather all the suspects together for dinner to push the culprit to confess to their crime

    c. They gather all the suspects for dinner to kill the dog

    d. They gather all the suspects together for dinner and push one to cook

7.  Giovannella is enthusiastic about the idea of organizing a dinner.

    a. True

    b. False

8.  Gabriele says he will help to prepare the dinner.

    a. True

    b. False

9. What are they making for dinner?

    a. Crostacei
    b. Un antipasto di crostini
    c. Pasta al ragù e crostini
    d. None of the above


10. What time will the guests arrive?

    a. 6.30 a.m.
    b. 6.30 p.m.
    c. 8.30 a.m.
    d. 8.30 p.m.

# CAPITOLO 13
# LA CASA DI GIOVANNELLA

Mentre Ludovico aiuta la signora Giovannella nella preparazione della cena, osserva con curiosità il suo strano appartamento. Intanto che Giovannella è in cucina, Ludovico inizia a giocare un po' a fare Sherlock Holmes e cerca alcuni indizi in casa. Tutto sembra in perfetto ordine e la ciotola del cibo del cane è ancora piena. La casa è molto spaziosa, forse troppo per un'anziana signora e il suo cane. La porta d'ingresso si affaccia su un grande salone con poltrone e divani: a Ludovico **cade** subito **l'occhio** sull'enorme ritratto del cane Romeo. Ovunque in quella casa ci sono oggetti a forma di chihuahua. L'appartamento era pieno di cianfrusaglie, cercare qualcosa lì dentro sarebbe stato difficile tanto quanto **cercare un ago in un pagliaio**! La cucina invece è piccola e semplice: proprio come quella di un'anziana signora brava a cucinare. La signora Giovannella non ha molte cose da offrire per cena, ma una bella pastasciutta risolve la serata: è noto che la signora Giovannella **abbia le braccine corte**, specialmente quando ha degli ospiti, ma al contrario quella sera cerca di offrire il meglio che ha in casa.

---

*Lessico*

**ciotola del cibo** food bowl
**indizi** clues
**salone** living room
**cianfrusaglie** junk, odds and ends
**pastasciutta** pasta

# QUIZ
## GIORNO 13

1. Which of the following means that he happened to glance at something?

   a. Cercava un ago in un pagliaio
   b. Aveva le braccine corte
   c. Aveva le mani in pasta
   d. Gli è caduto l'occhio

2. You are in a dress store. Complete: "Cercavo una maglia, ma mi ___ su un bellissimo vestito e l'ho comprato!"

   a. È caduta la mano
   b. Sono caduti gli occhi
   c. È caduto il braccio
   d. È caduto l'occhio

3. When you are looking for something that is very difficult to find, in Italian you say: "Cercare ___ in un pagliaio".

   a. Un occhio
   b. Una corda
   c. Un ago
   d. Un braccino

4. How would you say "She is so stingy!" using an idiom?

   a. Prende lucciole per lanterne

b. Ha le braccine corte

c. Si è persa in chiacchiere

d. Cerca un ago in un pagliaio

5. "Braccine" is the short form for...

a. Gambe

b. Braccia

c. Occhi

d. Mani

6. "Ludovico inizia a giocare un po' a fare Sherlock Holmes" means that...

a. He tries to find clues

b. He reads a detective story

c. He starts playing a game

d. He says he likes Sherlock Holmes

7. Ludovico also notices that...

a. There's no dog bowl

b. The dog's bowl is empty

c. The dog's bowl is full

d. None of the above

8. Giovannella's house is tiny.

a. True

b. False

9. "L'appartamento era pieno di cianfrusaglie", means that it was...

a. Full of useful things
b. Full of furniture
c. Full of junk
d. Full of books

10. Giovannella's cuisine is...

a. Small and full of things
b. Small and simple
c. Small and messy
d. Big and simple

# CAPITOLO 14
# L'ARRIVO DEI TRE OSPITI

Alle 20:30 puntuali arrivano i tre ospiti: Luana, Gabriele e Giuliano suonano alla porta. Ludovico corre alla porta per **fare gli onori di casa** e accoglie i tre in una strana e tesa atmosfera. Giovannella serve al tavolo in salotto gli antipasti e in tutta la sala vige **un silenzio di tomba**. Ludovico decide di **rompere il ghiaccio** con un brindisi: "Facciamo un brindisi a questa riunione. Vi abbiamo chiamato questa sera per aiutarci a risolvere il mistero del cane scomparso."

Nessuno sembra **battere ciglio** a quella affermazione, solo Luana commenta con acidità: "Pensavo di esser qua a festeggiare la scomparsa del chihuahua."

Giuliano sorride e risponde: "Quel cane **stava sullo stomaco a tutti**, lo ammetta signora Giovanella, pure a lei **rompeva le scatole**!"

Giovannella indispettita posa il bicchiere e, senza dire una parola, torna in cucina arrabbiata.

L'atmosfera, in attesa della prima portata, si fa ancora più tesa e Gabriele commenta: "Non so neanche perché sono venuto qua, ho da studiare! Non voglio **fare le ore piccole** ad aspettare che questa pasta sia pronta."

Ludovico è molto imbarazzato dalla maleducazione dei tre ospiti, si alza anche lui e va ad aiutare Giovannella con la portata principale della cena.

## Lessico

**salotto** sitting room
**vige** there is
**brindisi** toast
**con acidità** with acidity, sharpness
**indispettita** upset, annoyed
**prima portata** first course

# QUIZ
# GIORNO 14

1. Guests arrive at your house, you go to open the door and...

   a. Fai gli onori di casa
   b. Rompi il ghiaccio
   c. Fai le ore piccole
   d. Stai sullo stomaco a tutti

2. How do you say "a deep silence" in Italian? "Un silenzio…"

   a. Di cimitero
   b. Da morto
   c. Di tomba
   d. Di ghiaccio

3. You're with a group of people, but no one is speaking. The situation is awkward and you decide to speak first to...

   a. Rompere le scatole
   b. Fare le ore piccole
   c. Rompere il ghiaccio
   d. Battere ciglio

4. "Nessuno sembra battere ciglio a quella affermazione" means that...

a. Everyone closes their eyes
b. Everyone remains indifferent
c. Everyone starts talking
d. None of the above

5. Everyone disliked the dog: "il cane stava ___ a tutti"

   a. Sulle ciglia
   b. Sulle mani
   c. Sugli occhi
   d. Sullo stomaco

6. The dog bothers: "il cane ___"

   a. Rompe il ghiaccio
   b. Rompe le scatole
   c. Fa le ore piccole
   d. Ha un diavolo per capello

7. "Fare le ore piccole" means...

   a. Go to bed early
   b. Eating too much
   c. Be annoying
   d. Stay up late

8. Luana, Gabriele and Giuliano go to dinner at Ludovico's house.

   a. True
   b. False

9. Ludovico decides to break the ice with...

a. A joke
b. A song
c. Some music
d. None of the above

10. Guests have a rude attitude.

a. True
b. False

# CAPITOLO 15
# LA CENA È SERVITA

La cena arriva a tavola: la fumante pasta al ragù mette d'improvviso tutti d'accordo.

"Questa pasta è davvero da **leccarsi i baffi**. Ha fatto lei il ragù?", commenta Ludovico, per allentare la tensione della stanza.

Tutti fanno i complimenti a Giovannella per il sugo, ma subito torna il silenzio tra i commensali. Si sente solo il rumore delle posate sui piatti.

"Cari signori, so che il cane non era simpatico a nessuno, ma la signora Giovannella gli era molto affezionata. Anche io da ragazzo avevo un cane ed era il mio migliore amico. Ho sofferto tanto quando è scomparso", inizia a dire Ludovico, "quindi stasera vorrei chiedervi aiuto in questa piccola indagine."

"Siamo sicuri che il cane non sia scappato e basta?", chiede Luana.

"Forse pure lui non ci sopportava più.", commenta ironico Giuliano.

"Io penso che la signora Giovannella stia **piangendo lacrime di coccodrillo**: non si lascia un cane libero per il palazzo. È logico che prima o poi scappa!", continua a dire Luana.

"Il mio Romeo era molto intelligente, non come voi, che **non avete sale nella zucca**! Non sarebbe mai scappato. Non è mai scappato prima d'ora!", ribatte Giovannella.

"È inutile **piangere sul latte versato**, ormai è sparito e, se siamo qua stasera a cercare un colpevole, sappiate che non sono io!", ribatte immediatamente Giuliano.

---

*Lessico*

**fumante** steamy
**sugo** sauce
**indagine** investigation
**commensali** dining companions, tablemates
**posate** cutlery

# QUIZ
# GIORNO 15

1. If someone, after trying some food you cooked, would like to tell you that your food is yummy, what should he say?

   a. Non hai sale in zucca
   b. Piangi lacrime di coccodrillo
   c. Piangi sul latte versato
   d. È da leccarsi i baffi

2. How would you say "to do something and afterwards regret it" using an idiom?

   a. Piangere lacrime di coccodrillo
   b. Piovere a catinelle
   c. Leccarsi i baffi
   d. Non avere sale in zucca

3. Complete with a suitable idiom: "la signora Giovannella ___ : non si lascia un cane libero per il palazzo"

   a. Non batte ciglio
   b. Piange lacrime di coccodrillo
   c. Si lecca i baffi
   d. Ha un diavolo per capello

4. Complete. "La signora Giovannella pensa che le altre persone del palazzo...".

a. Hanno la testa piena di sale
b. Non hanno sale in zucca
c. Hanno sale in zucca
d. Hanno sale in testa

5. "È inutile piangere sul latte versato" means...

a. It's useful to regret something that has already happened or cannot be changed
b. Wasting milk is a shame
c. It's useless to regret something that has already happened or cannot be changed
d. None of the above

6. Dinner guests appreciate the pasta that Giovannella made.

a. True
b. False

7. Ludovico tells about when he was a child...

a. And he had a cat
b. And he had a dog
c. And he was alone
d. And he had a bike

8. Ludovico says he doesn't need help to find the dog.

a. True
b. False

9. Luana thinks that...

a. The dog is at someone's house
b. The dog is hidden in the house
c. The dog ran away
d. The dog died

10. Giuliano says that...

a. He's the culprit
b. He knows who the culprit is
c. He goes away from the dinner
d. None of the above

# CAPITOLO 16
# L'ALIBI DI GIULIANO

*Giuliano inizia a raccontare quello che ha fatto
quella mattina stessa.*

"Io mi **sveglio con le galline!** Alle 7:00 in punto sono già in piedi che mi preparo la colazione. Devo entrare al lavoro alle 9:00, quindi devo prepararmi con un po' di anticipo. Il mio ufficio non è distante, ma esco di casa alle 8:00 così da poter fare tutto con calma. Il cane, mi pare di aver capito, è scomparso questa mattina presto, giusto?"

"Romeo è sparito verso le 8:30 del mattino.", risponde prontamente Ludovico.

"Ecco io a quell'ora sono già su un autobus! **Il mio cavallo di battaglia** è organizzazione e puntualità! Lavorando come commercialista in un importante ufficio legale, devo fare così. Ho delle responsabilità e molti impegni: non perdo tempo a rapire un cane.", continua Giuliano.

" Gabriele mi ha raccontato del litigio con la signora Giovannella di ieri sera e mi ha menzionato che anche lei, signor Giuliano, era presente alla discussione. Non mi ha detto di aver litigato pure lei ieri sera.", continua a indagare Ludovico.

"Mi vuoi mettere **tra l'incudine e il martello**? Io litigo con Giovannella ogni giorno! Non mi sembrava necessario menzionare la mia discussione. Il nostro pianerottolo puzza di pipì e ogni mattina mi **fa venire il voltastomaco**. Se proprio vogliamo sospettare di qualcuno, stranamente questa mattina non ho incontrato Luana, che ogni giorno esce di casa alle 8:00 come me, per accompagnare i figli a scuola."

---

*Lessico*

**distante** far
**commercialista** accountant
**incudine** anvil
**martello** hammer
**voltastomaco** nausea, make feel sick

# QUIZ
# GIORNO 16

1. Is the use of the idiom correct or incorrect? "Ogni giorno mi sveglio alle 10: mi sveglio con le galline!"

   a. Correct
   b. Incorrect


2. If I say ""Io mi sveglio con le galline!", I mean...

   a. I wake up very early
   b. I wake up very late
   c. I wake and take care of the hens
   d. None of the above


3. Pick the right idiom if you want to say what your strong point is.

   a. Cogliere con le mani nel sacco
   b. Svegliarsi con le galline
   c. Rompere le scatole
   d. Il mio cavallo di battaglia


4. "Mettere qualcuno tra l'incudine e il martello" means...

   a. To put someone in the danger
   b. To put someone in the middle of two dangers
   c. Make someone feel sick
   d. Express a strong point

5. Complete with an idiom : "Questo terribile odore mi fa..."

   a. Venire il voltastomaco
   b. Rompere le scatole
   c. Svegliare con le galline
   d. Venire il mal di stomaco

6. Giuliano says that he always wakes up late.

   a. True
   b. False

7. Giuliano says that he always gets up at...

   a. 8.00
   b. 8.30
   c. 7.00
   d. 9.00

8. What does Giuliano do as a job?

   a. Bus driver
   b. Lawyer
   c. Accountant
   d. Clerk

9. Giuliano says that he argues with Giovannella every day.

   a. True
   b. False

10. Luana everyday leaves the house at 8:00 a.m. to take her children to school.

    a. True
    b. False

# CAPITOLO 17
## L'ALIBI DI LUANA

"Che cosa c'entro io scusa?", interviene immediatamente Luana, "Caro Giuliano **non diciamo stupidaggini**, io non rapirei mai un cane. Non amo gli animali, ma non sarei neanche capace di toccare quella bestiola."

"Luana, lei che cosa ha fatto questa mattina?", chiede Ludovico.

"Non sono uscita puntuale da casa per colpa della pipì del cane. Quando sono uscita ho notato che l'animale aveva appena fatto i propri bisogni davanti alla porta di casa, quindi mi sono messa a pulire. Detesto lo sporco e il disordine! Mi ha fatto fare tardi e sono uscita che erano già le 8:30. Una giornata partita male. Ho dovuto **fare tutto di corsa**: accompagnare i bambini a scuola, poi andare al lavoro alla mia agenzia immobiliare. Avevo un appuntamento con un **pezzo grosso** del settore immobiliare e l'ho mancato a causa di quel cane.", inizia a lamentarsi Luana.

"Comunque visto che siamo qua a **tirare in ballo** le persone attorno a questo tavolo: mentre pulivo il mio pianerottolo ho visto salire Gabriele con dei sacchi neri della spazzatura, che ci facevi?", chiede Luana rivolgendosi al ragazzo. Gabriele sembra **cadere dalle nuvole** e inizia a farneticare qualche scusa.

*Lessico*

**stupidaggine** nonsense, stupid things
**bisogni** physical needs
**(io) detesto** I hate
**agenzia immobiliare** estate agency
**farneticare** to babble

# QUIZ
## GIORNO 17

1. If I say "Per favore, non diciamo stupidaggini" it means...

   a. Please, hurry up
   b. Please, stop talking nonsense
   c. Please note that I didn't know anything about that
   d. Please note that I am stressed

2. "I had to do everything in a hurry." How can you say this sentence using an idiom?

   a. Ho dovuto fare tutto di corsa
   b. Sono caduto dalle nuvole
   c. Ho mandato tutto all'aria
   d. Ho un diavolo per capello

3. "Un pezzo grosso" is...

   a. A big piece of a machine
   b. A fat person
   c. An important person
   d. None of the above

4. Complete: "Non è il caso di ___ tuo fratello in questa conversazione!"

   a. Fare tutto di corsa
   b. Cadere dalle nuvole
   c. Dire stupidaggini
   d. Tirare in ballo

5. "Mi ha detto della cena di stasera, ma io non ne sapevo niente". Pick the right idiom to replace "non ne sapevo niente" in this sentence.

   a. Rompo le scatole
   b. Ho fatto tutto di corsa
   c. Sono caduto dalle nuvole
   d. Ho tirato in ballo


6. Luana says she loves animals.

   a. True
   b. False


7. What time did Luana get out?

   a. 8.30
   b. 8.00
   c. 9.00
   d. 9.30


8. Where does Luana work?

   a. In a school
   b. In an estate agents (real estate agency)
   c. In a notary office
   d. In the bar


9. Luana arrived on time for the appointment she had in her office.

   a. True
   b. False

10. Luana saw Gabriele coming up the stairs with...

   a. Equipment for cleaning
   b. Linen
   c. Garbage
   d. Some black bags

# CAPITOLO 18
# L'ALIBI DI GABRIELE

"**Sputa il rospo**, Gabriele. Hai avuto una brutta discussione con Giovanella e hai mentito, dicendo che hai dormito tutta la mattina.", incalza subito Ludovico.

Gabriele risponde: "Ammetto di detestare quel cane, ma non l'ho rapito io! Lo giuro! **Svuoto il sacco** su un'altra questione. La mattina mi sveglio presto per andare a stendere la mia biancheria sul tetto del palazzo. So che è proibito e cerco sempre di non farmi vedere da nessuno."

Luana quindi decide d'intervenire e dice: "**Ogni due per tre** volano delle mutande giù per la strada. Ora ho capito di chi sono! Lo sai che è vietato dalle regole del condominio appendere i vestiti ad asciugare sul tetto del palazzo? Questo è pericoloso e poi rovina l'immagine di questo bellissimo ed elegante palazzo storico. Diamo proprio **le perle ai porci**, dovevo **pensarci due volte** ad affittarti l'appartamento del secondo piano."

"L'appartamento del secondo piano è troppo piccolo per appendere gli abiti ad asciugare e poi, stando dentro casa, prendono un cattivo odore. Non capisco che problema c'è ad appendere i vestiti sul tetto!"

"Potresti usare l'asciugatrice!", esclama Giuliano.

"Gabriele ha **le braccine corte**, non paga mai puntuale le spese condominiali.", interviene Luana in tono sempre più accusatorio.

"**Da che pulpito viene la predica**! Una volta ho chiesto a Luana due euro in prestito per un caffè e non me li ha dati. Comunque se qua c'è qualcuno che racconta balle è Giuliano. Non è vero che questa mattina è uscito alle 8:00, quando sono sceso dal tetto erano già le 8:15 passate e lui era lì fermo sul suo pianerottolo. Quando sono entrato in casa l'ho pure sentito rimproverare il chihuahua che abbaiava", si difende Gabriele.

---

*Lessico*

**biancheria** linen, sheets
**mutande** underwear
**condominio** block of flats
**asciugatrice** dryer
**balle** lies

# QUIZ
# GIORNO 18

1. "Grazie che mi hai raccontato la verità: sputa il rospo!".
   Is the use of the idiom correct or incorrect?

   a. Correct
   b. Incorrect

2. Which one of the following idioms has the same
   meaning as "sputare il rospo"?

   a. Dare le perle ai porci
   b. Pensarci due volte
   c. Avere le braccine corte
   d. Svuotare il sacco

3. Complete with the right idiom: "Lo so che nascondi
   qualcosa: dimmi la verità, ___ !"

   a. Sputa il rospo
   b. Dai le perle ai porci
   c. Ogni due per tre
   d. Hai le braccine corte

4. "Perdo le mie chiavi ogni due per tre." How often do
   you lose your keys?

   a. Never
   b. Sometimes
   c. Everyday
   d. Very often

5. "Dare le perle ai porci" means...

   a. Go to sleep early
   b. Feeding the pigs
   c. Giving something valuable to someone who appreciates it
   d. Giving something valuable to someone who doesn't appreciate it

6. Complete: "Ho preso questa decisione troppo in fretta, dovevo ___ prima di scegliere!"

   a. Ogni due per tre
   b. Svuotare il sacco
   c. Pensarci due volte
   d. Sputare il rospo

7. Using an idiom , how would you say that a person is very stingy?

   a. Svuota il sacco
   b. Ha le braccine corte
   c. Si è persa in chiacchiere
   d. Dà le perle ai porci

8. I want to tell a friend that he made the same mistake as I did, but he doesn't realise it nor admit it. What can I tell him?

   a. Prendi lucciole per lanterne!
   b. Hai le braccine corte!
   c. Da che pulpito viene la predica!
   d. Conosco i miei polli!

9. Why does Gabriele go to the roof of the building in the morning?

   a. To dry clothes
   b. To enjoy the landscape
   c. To have breakfast
   d. to study

10. Giuliano went out at eight.

   a. True
   b. False

# CAPITOLO 19
# GIULIANO SI DIFENDE

Giuliano è quindi l'ultima persona ad aver visto il cane. Ora tutti i sospetti sono su di lui e l'uomo inizia ad **arrampicarsi sugli specchi**: "Cosa dici? Avrai sentito la voce di qualcun altro, non la mia..."

"Giuliano, non mi faccia **stare sulle spine**, che cosa ha fatto al mio cane?", chiede subito Giovannella preoccupata.

Giuliano sembra sempre più nervoso, inizia a balbettare frasi senza senso: "Magari questa mattina ho fatto un po' tardi e non mi sono accorto, non ho guardato l'orologio... La mattina **dormo in piedi**."

" Giuliano **a mali estremi, estremi rimedi**: se non confessa dovremmo perquisire il suo appartamento.", minaccia Ludovico.

Tutti i commensali hanno gli occhi puntati su Giuliano, che inizia palesemente a **sudare freddo**. È chiaro che l'uomo sta nascondendo qualcosa.

"Va bene, ho un piccolo segreto da confessare anche io, ma non riguarda il cane. L'ho visto questa mattina, ma non gli ho fatto nulla. Ero fermo lì sul pianerottolo per un'altra ragione."

Tutti incuriositi iniziano ad ascoltare quel che Giuliano ha da dire.

*Lessico*

**balbettare** to mumble
**perquisire** to search
**palesemente** clearly
**sudare freddo** cold sweats
**incuriosito** curious, intrigued

# QUIZ
# GIORNO 19

1. A friend is trying without success to justify the fact that he forgot an important date. Which idiom can you use to indicate that he's clutching at straws?

   a. Sta sulle spine
   b. Si arrampica sugli specchi
   c. Dorme in piedi
   d. Suda freddo

2. Complete the sentence "Per favore non mi fare ____, sono troppo curiosa di sapere la novità!"

   a. Arrampicare sugli specchi
   b. Stare sulle spine
   c. Dormire in piedi
   d. Sudare freddo

3. What can you say instead of "I am very tired, I need to sleep"?

   a. Dormo in piedi
   b. Sto sulle spine
   c. Cado dalle nuvole
   d. A mali estremi, estremi rimedi

4. "When you have to face a very serious situation, drastic solutions must be used". How can you say this using an idiom?

a. Conosco i miei polli
b. Da che pulpito viene la predica
c. Hai le braccine corte
d. A mali estremi, estremi rimedi

5. If you're stressed and you're in a tense situation you start to...

   a. Dormire in piedi
   b. Sputare il rospo
   c. Stare con le mani in mano
   d. Sudare freddo

6. Giuliano is the last person to have seen the dog.

   a. True
   b. False

7. Giuliano is calm and relaxed even though the others suspect he is the culprit.

   a. True
   b. False

8. Giuliano says that in the morning...

   a. He is very active
   b. He is sleepy
   c. He sleeps until late
   d. He goes out with the dog

9. Ludovico threatens to...

   a. Call the police

b. Go away
c. Send Giuliano away
d. None of the above

10. Giuliano says he has no secret to tell.

   a. True
   b. False

# CAPITOLO 20
# UNA CONFESSIONE

Giuliano **si fa coraggio** e inizia a parlare: "Questa mattina sono arrivato tardi al lavoro perché sono una persona molto metodica. Sono abituato a dare il buongiorno ogni mattina a Luana e, stamani, non vedendola arrivare, l'ho aspettata."

"Scusa Giuliano, mi vuoi dire che hai fatto tardi al lavoro per darmi il buongiorno? **Sei matto da legare!**", inizia a ridere Luana.

Giuliano **diventa rosso di vergogna** e continua a dire: "Quello che voglio dire è che ho le mie abitudini e mi piace rispettarle. Darti il buongiorno la mattina mi fa iniziare bene la giornata."

"Non sarai un maniaco?", continua a scherzare Luana ridendo.

" Ma no… È che quando ti vedo ho **le farfalle nello stomaco**. Mi piaci Luana, mi sei sempre piaciuta! Ecco l'ho detto. Contenti?"

Luana si imbarazza e cambia tono: "Scusa Giuliano, ma che c'entro io adesso? Non capisco…"

"Qualcuno **ha una cotta** qua!", inizia a scherzare Gabriele.

"Non sono innamorato, volevo solamente spiegare che cosa ci facevo sul pianerottolo questa mattina. Aspettavo Luana, ma quando ho visto che tardava a scendere, sono corso al lavoro. È vero ho visto scendere il cane dal quarto piano, ma non gli ho fatto nulla."

*Lessico*

**metodico** methodical
**stamani (\*this word is used mainly in Tuscany)** this morning
**vergogna** shame
**una cotta** a crush
**(lei) tardava a scendere** she was late in coming down

# QUIZ
## GIORNO 20

1. "Giulia si fa coraggio e fa un tuffo nell'acqua gelata". Is the use of the idiom correct in this context?

   a. Yes, it's correct
   b. No, it's incorrect

2. Complete this idiom that express the idea that you are really crazy: "Sei matto___"

   a. Di vergogna
   b. Da legare
   c. Nello stomaco
   d. In piedi

3. Which colour do you need to complete the idiom "diventare ___ di vergogna"?

   a. Bianco
   b. Giallo
   c. Blu
   d. Rosso

4. "Avere le farfalle nello stomaco" is similar to another idiom. Which one?

   a. Essere matto da legare
   b. Dormire in piedi
   c. Avere una cotta
   d. Diventare rosso di vergogna

5. Complete the sentence using two idioms: "Ogni volta che lo vedo ___, penso di ___ per lui!"

   a. Divento rosso di vergogna / essere matto da legare
   b. Ho una cotta / avere le farfalle nello stomaco
   c. Ho una cotta / divento rosso di vergogna
   d. Ho le farfalle nello stomaco / avere una cotta


6. Giuliano arrived late at work because......

   a. He waited for Luana to tell her he loves her
   b. He waited for Luana to greet her
   c. He waited for Luana to go together by car
   d. None of the above


7. Giuliano says that saying good morning to Luana gets his day off to a good start.

   a. True
   b. False


8. Giuliano admits that...

   a. He doesn't like Luana
   b. He kidnapped the dog
   c. He has a crush on Giovannella
   d. He has a crush on Luana


9. How does Luana react to Giuliano's revelation?

   a. She is upset
   b. She is happy
   c. She is embarrassed
   d. She is shocked

10. Giuliano says he didn't see the dog.

   a. True
   b. False

# CAPITOLO 21
# GIOVANNELLA
# INTERVIENE

"Ora basta!", interviene la signora Giovannella, sbattendo le mani sul tavolo così fortemente da far rovesciare due bicchieri pieni di vino. "Sono stanca di tutta questa situazione e di tutti questi discorsi inutili. Vi ho invitato a cena e vi siete comportati da maleducati, come al solito. Voglio sapere dove è il mio cane. **Sputate il rospo,** delinquenti!"

"**Campa cavallo che l'erba cresce**! Ancora a chiedere di questo cane! Non lo so dove sia!", risponde innervosito Giuliano.

"Almeno dimmi dove lo hai visto andare questa mattina", chiede Giovannella impaziente.

"**Che ne so**! Non sto a controllare ogni passo del cane io! Credo di averlo visto verso le 8:15. Abbaiava come al solito e gli ho detto di **chiudere il becco**. Poi io sono sceso dalla scala antincendio del terzo piano per non incontrare nessuno e arrivare prima alla fermata dell'autobus."

"Il mio cane non può esser sparito nel nulla! Voi mi state nascondendo qualcosa! **Ci mettete una vita** a dirmi che mi avete fatto un dispetto!", piagnucola Giovannella ancor più esasperata dalla situazione.

*Lessico*

**rovesciare** to knock over
**delinquenti** criminals
**almeno** at least
**ogni passo** every step
**scala antincendio** fire escape

# QUIZ
# GIORNO 21

1. How can you say "to spill the beans"?

   a. Chiudere il becco
   b. Sputare il rospo
   c. Prendere lucciole per lanterne
   d. Avere una cotta

2. You use the sentence "Campa cavallo che l'erba cresce" when you want to say that...

   a. You need to feed the horses
   b. You foresee that you will have to wait a short time before something happens
   c. You don't know how long you will have to wait before something happens
   d. You foresee that you will have to wait a long time before something happens

3. "Che ne so" is the same as...

   a. I don't know
   b. I don't like it
   c. Don't bother
   d. None of the above

4. Is the use of the idiom correct or incorrect? "Sara continuava a parlare, parlare, parlare...ero così stanca di ascoltarla che le ho detto di chiudere il becco!"

a. Correct
b. Incorrect

5.  When someone "ci mette una vita", it means...

    a. He/she realises something that other people already know
    b. He /she mistakes one thing for another
    c. He /she takes a long time to do something
    d. He/she is an outspoken person

6.  Giovannella loses patience and slams her hands on the table.

    a. True
    b. False

7.  Giuliano says he probably saw the dog...

    a. Outside the building
    b. Sleeping
    c. At 8.15 am
    d. None of the above

8.  When Giuliano saw the dog, it was...

    a. Sleeping
    b. Urinating
    c. Barking
    d. Quiet

9.  Giuliano went out from the front door of the building.

    a. True
    b. False

10. How does Giovanella feel at the end of the chapter?

    a. Happy
    b. Angry
    c. Shocked
    d. Desperate

# CAPITOLO 22
# UNA DISCUSSIONE
# ANIMATA

"Nemmeno io so dov'è! Secondo me quel cane con il **cervello da gallina** è scappato.", dice Gabriele.

"Non ti permettere di chiamare il mio povero Romeo "**cervello di gallina**". Tu sei un maleducato con la **testa di legno!**"

"La vera maleducata è lei Giovannella, che lascia quella povera bestia in giro per tutto il palazzo. Giuliano ha ragione a dire che il pianerottolo puzza di pipì di cane! Abitiamo in un palazzo signorile non in una stalla!", ribatte Luana.

"Ha parlato la principessa", risponde ironica Giovanella, sbattendo di nuovo le mani sul tavolo.

"Stasera sei venuta a **mangiare a quattro palmenti** in casa mia. Tu non sei neanche capace di cucinare un uovo al tegamino. I tuoi bambini vengono sempre a bussare alla mia porta per pranzo, perché hanno quasi sempre il frigo vuoto!"

"**Vai a farti benedire**, vecchiaccia!", risponde ancora più acida Luana.

Inizia un vero e proprio litigio: tutti urlano e protestano tranne Ludovico, che imbarazzato non sa più come fare. **La situazione gli è sfuggita di mano**.

*Lessico*

**stalla** stable, stall
**uovo al tegamino** fried egg
**vecchiaccia** old woman, old bat
**un vero e proprio litigio** a real fight
**imbarazzato** embarrassed

# QUIZ
# GIORNO 22

1. Which of the following means "to be stupid"?

   a. Sputare il rospo
   b. Avere le braccine corte
   c. Essere buono come il pane
   d. Avere un cervello da gallina

2. Pick the idiom that has the same meaning as "Avere un cervello da gallina."

   a. Mangiare a quattro palmenti
   b. Non avere peli sulla lingua
   c. Avere sale in zucca
   d. Avere la testa di legno

3. "Mangiare a quattro palmenti" means that you are eating...

   a. Listlessly
   b. Calmly
   c. Greedily
   d. Quickly

4. "Vai a farti benedire" is a way of telling someone to go to the church.

   a. True
   b. False

5. Complete this idiom: "La situazione gli è sfuggita di ___".

   a. Gamba
   b. Mano
   c. Occhio
   d. Testa

6. You're in a meeting with other people, but everyone is talking and the moderator can't handle the situation. How do you describe his position in one sentence?

   a. La situazione gli è sfuggita di mano
   b. Campa cavallo che l'erba cresce
   c. Mangiare a quattro palmenti
   d. Va a farsi benedire

7. Gabriele thinks the dog is...

   a. Clever
   b. Nice
   c. Stupid
   d. Ugly

8. Giovannella says that Luana...

   a. Always has fresh food in her fridge
   b. Cooks fried eggs everyday
   c. Cooks very well
   d. Cannot cook

9. Giovannella says that Luana's children...

   a. Like fried eggs
   b. Enjoy their mom's cooking

c. Go to her place for lunch

d. None of the above

10. At the end of the chapter, Ludovico knows how to handle the situation.

a. True

b. False

# CAPITOLO 23
# A LUDOVICO SI ACCENDE
# UNA LAMPADINA

Ludovico si allontana in cucina per pensare in silenzio: tutta quella confusione lo distrae. Si affaccia dalla finestra della cucina, che è sul retro del palazzo e vede da lontano due gatti che litigano per un sacchetto della spazzatura. A Ludovico si **accende** improvvisamente **una lampadina.** Corre **a gambe levate** fuori dall'appartamento, senza dare spiegazioni. Esce dalla porta antincendio del terzo piano e arriva fino al retro del palazzo. Inizia a chiamare il cane e, proprio come sospettava, il cane arriva scodinzolante ai suoi piedi. Porta Romeo a casa, lo nasconde dietro la schiena e richiama l'attenzione dei commensali: "Non voglio **tenervi sulle spine**, ma indovinate che cosa ho trovato!"

Il cane inizia ad abbaiare e Giovannella, felice, corre verso di lui e lo abbraccia: "Il mio Romeo, cagnolino mio! Mi hai fatto **prendere un colpo**! Dove eri andato a finire?".

"Era bloccato nel retro del palazzo, ho capito tutto quando Giuliano ha detto di essere uscito dalla porta antincendio".

"È proprio vero che l'**abito non fa il monaco**! Abbiamo un barista investigatore!", esclama gioiosa Giovannella.

*Lessico*

**(Lui) si affaccia** he looks out
**retro del palazzo** back of the building
**lampadina** light bulb
**scodinzolante** tail wagging
**cagnolino** puppy

# QUIZ
# GIORNO 23

1. Using an idiom , how would you say that you've just had an idea?

   a. Sto sulle spine
   b. Mi è preso un colpo
   c. Mi si è accesa una lampadina
   d. Mangio a quattro palmenti

2. Complete with the right idiom: "Ho visto Luigi ____ fuori dalla porta, dove andava così in fretta?"

   a. Stare sulle spine
   b. Correre a gambe levate
   c. Gli si è accesa una lampadina
   d. Gli è preso un colpo

3. Complete with the right idiom: "Non voglio ___ , ma indovinate che cosa ho trovato!"

   a. Tenervi sulle spine
   b. Correre a gambe levate
   c. Farvi prendere un colpo
   d. Arrampicarmi sugli specchi

4. How would you say the following using an idiomatic expression: "You gave me such a big scare!"?

   a. A mali estremi, estremi rimedi!

b. Sei matto da legare!

c. L'abito non fa il monaco!

d. Mi hai fatto prendere un colpo!

5. "L'abito non fa il monaco" means...

   a. "Too many cooks spoil the broth"
   b. "You can't judge a book by its cover"
   c. "To be between the hammer and the anvil"
   d. "To cry over spilt milk"

6. When Ludovico looks out the kitchen window, he sees two cats fighting over...

   a. A mouse
   b. A trash bag
   c. Nothing
   d. The dog

7. Ludovico finds the dog...

   a. At Gabriele's house
   b. At Luana's house
   c. In the back of the building
   d. Locked in a room

8. The dog was stuck in the back of the building.

   a. True
   b. False

9. The dog had been stuck in the yard behind the building because...

a. Someone locked the dog out intentionally

b. The dog fell from the balcony

c. Someone went out the main door, closed it and didn't realize the dog was outside

d. Someone went out the fire door, closed it and didn't realize the dog was outside

10. Ludovico solved the problem of the missing dog like a real detective.

a. True

b. False

# CAPITOLO 24
# IL MISTERO È RISOLTO

Il mistero è risolto! Romeo non era mai stato rapito. Giovannella ancora non capisce come sia potuto scappare, lei lo avrebbe visto uscire dal pianterreno, mentre ritirava la posta.

La situazione tra i commensali sembra calmarsi e tutti ascoltano la spiegazione di Ludovico: "Dovevo capirlo fin dal principio che tutti eravate colpevoli, compresa lei Giovannella. La vostra colpa è quella di non saper ascoltare gli altri. D'altra parte come si dice? **Pane al pane vino al vino!** I rapporti tra di voi sono così ostili, che non siete stati capaci di comunicare. Il cane è stato visto da tutti questa mattina ed è sceso dalle scale antincendio. Quando Giuliano è uscito dalle scale antincendio, il cane deve averlo seguito. Quella porta di solito rimane chiusa e Romeo ha trovato una porta d'uscita verso il retro del palazzo, restandoci bloccato. Il cane ha trascorso tutta la giornata a giocare e rincorrere i gatti proprio qua dietro, mentre tutti noi abbiamo fatto un'inutile **caccia alle streghe.**"

Luana, Gabriele, Giuliano e Giovannella guardano confusi e stupiti Ludovico: il giovane barista ha proprio ragione.

Il loro problema è quello di non saper comunicare e ascoltare, dote che invece ha Ludovico.

"Vado a fare un caffè e ho l'impasto pronto per un dolce. **Come viene viene**, ma almeno addolciamo un po' la serata. Restate ancora un po' per favore", **rompe il ghiaccio** a un certo punto Giovannella.

*Lessico*

**pianterreno** ground floor
**ostili** harsh, unfriendly
**confusi** confused
**stupiti** surprised
**dote** talent

# QUIZ
# GIORNO 24

1. If I say "Pane al pane vino al vino", I mean that...

    a. I'm about to lie
    b. I don't like what I'm going to say
    c. I have some good news
    d. I want to be frank and sincere

2. Which expression would you choose in order to say that we have doggedly searched for things or people that are hard to find?

    a. Fare una caccia alle streghe
    b. Pane al pane vino al vino
    c. Come viene viene
    d. Rompere il ghiaccio

3. Complete with the right idiom: "Perché non ti fermi a cena? Prepariamo una pasta, ma ___ ¡"

    a. Facciamo una caccia alle streghe
    b. Diamo pane al pane vino al vino
    c. Come viene viene
    d. Rompiamo il ghiaccio

4. Complete the idiom: "Rompere ___"

    a. Il gelo
    b. La zucca

c. Il ghiaccio
d. Il filo

5. You're in an awkward situation and you decide to say something to start a conversation. You…

a. Rompi le scatole
b. Cacci le streghe
c. Non batti ciglio
d. Rompi il ghiaccio

6. Someone had kidnapped the dog, Romeo.

a. True
b. False

7. Ludovico accuses everyone of…

a. Just thinking about dinner
b. Not helping him with research
c. Not knowing how to listen the others
d. Hating the dog

8. The dog probably followed…

a. Giuliano
b. Giovannella
c. Ludovico
d. Gabriele

9. The dog spent the whole day…

a. Barking
b. Playing and chasing the cats

c. Sleeping
d. None of the above

10. Ludovico complains that the whole group...

    a. Had no-one who helped him to find the dog
    b. Had doggedly but uselessly searched for the dog
    throughout until they finally found a solution together
    c. Had usefully searched for the dog without thinking
    of a possible solution
    d. Had doggedly but uselessly searched for the dog
    without thinking of a possible solution

# CAPITOLO 25
# LE SCUSE

Rimangono tutti a casa di Giovannella, prendono il caffè e mangiano la torta restando a chiacchierare fino a tardi. Pure Gabriele, che non voleva **fare le ore piccole,** rimane lì a parlare. L'atmosfera è molto più rilassata ed è il momento di chiedere scusa. Inizia proprio Giovannella: "È stata una giornata veramente stressante per me. Perdere il mio amato Romeo mi ha fatto **prendere un colpo**! Da quando non ho più mio marito mi fa compagnia ed è tutto per me. Mi dispiace avervi accusato ingiustamente. Mi dispiace anche di non aver rispettato le regole di questo palazzo e aver lasciato girare il cane liberamente."

"Devo delle scuse anche io a tutti. Ultimamente con questa tesi di dottorato **ho un diavolo per capello.** Sono molto noioso e pieno di ansia.", continua Gabriele.

"E io sono stata maleducata. Corro sempre **a perdifiato** tra lavoro e figli e so di essere troppo pignola. Il cane però, per favore, lo **tenga d'occhio** d'ora in poi.", aggiunge Luana.

"Sì, il cane deve stare al sicuro dentro casa quando lei esce. Già questo appartamento puzza di umidità, con il cane che sporca, **piove proprio sul bagnato!** Comunque anche io sono stato molto scorbutico questa sera a cena. Non volevo essere maleducato. Scusate."

## *Lessico*

**chiedere scusa** to apologize
**(lui) mi fa compagnia** he keeps me company
**ingiustamente** unfairly
**pignola** picky, fussy
**scorbutico** ill-tempered

# QUIZ
# GIORNO 25

1. "Fare le ore piccole" means...

    a. Go to bed early
    b. Eating too much
    c. Be annoying
    d. Stay up late

2. Giovannella says that Romeo gave her a big scare. How would you say this using an idiom?

    a. Corre sempre a perdifiato
    b. Voleva fare le ore piccole
    c. Mi ha fatto prendere un colpo
    d. Ha un diavolo per capello

3. "I am furious!". How can you say this using an idiom?

    a. Corro sempre a perdifiato!
    b. Mi hai fatto prendere un colpo!
    c. Non ho peli sulla lingua!
    d. Ho un diavolo per capello!

4. "Correre a perdifiato" means...

    a. To speak sincerely
    b. To run breathlessly
    c. To walk slowly
    d. To have difficulties in breathing

5. Complete: "Dove va tuo figlio la sera così tardi? Forse è meglio che ___ "

    a. Prendi un colpo
    b. Rompi il ghiaccio
    c. Fai le ore piccole
    d. Lo tieni d'occhio

6. How do you say in Italian that unpleasant or pleasant events happen to those who are already experiencing something similar?

    a. Pane al pane vino al vino
    b. Piove sul bagnato
    c. Piove a catinelle
    d. Dare la caccia alle streghe

7. The guests stay at Giovannella's house until late.

    a. True
    b. False

8. Giovannella apologizes...

    a. Because the dinner was not ready when they arrived
    b. Because she had unfairly accused the others
    c. Because the dinner wasn't good
    d. Because she had hidden the dog

9. Luana apologizes...

    a. Because she works too much
    b. Because she runs all the time
    c. Because she arrived late
    d. Because she was rude

10. The guests ask Giovannella...

    a. To keep an eye on the dog
    b. To let the dog free
    c. To bring the dog to the park
    d. To bring the dog to Gabriele's house

# CAPITOLO 26
# GABRIELE NON È
# ANCORA CONTENTO

Gabriele prima di tornare a casa manifesta ancora qualche malessere: il cane inizia di nuovo ad abbaiare. "Ecco se il cane sta dentro, le scale non puzzeranno più, ma continuerà lo stesso ad abbaiare giorno e notte!"

"Caro mio, non ci posso fare nulla", ribatte Giovannella.

"Tra due settimane ho la mia discussione di tesi e ho **già il cuore in gola**! Ho ancora molte parti della tesi da sistemare e il cane che abbaia non aiuta."

" Su Gabriele, non ti **perdere in un bicchiere d'acqua**", lo incoraggia Ludovico, "puoi comprarti dei tappi per le orecchie, ascoltare della musica classica mentre studi, oppure venire giù al Caffè Rinaldi a studiare. Abbiamo una buona connessione Wi-Fi!"

"Sono sicura che la tua discussione andrà **a gonfie vele**. In queste due settimane cercherò di tenere il mio Romeo più tranquillo per farlo abbaiare meno. Lo prometto.", dice Giovannella con tono gentile.

Gabriele si rincuora un po'.

*Lessico*

**(lui) manifesta** he shows
**malessere** discomfort
**tappi per le orecchie** earplugs
**(lui) si rincuora** he feels reassured

# QUIZ
## GIORNO 26

1. "Non sono per niente preoccupato e mi sento molto tranquillo per l'esame di oggi: ho il cuore in gola!". Is the use of the idiom correct in this context?

   a. It's incorrect
   b. It's correct

2. Which one of the following idioms has a similar meaning to "sudare freddo"?

   a. Perdersi in un bicchiere d'acqua
   b. Avere il cuore in gola
   c. Correre a perdifiato
   d. Avere un diavolo per capello

3. "La presentazione è andata male: Luca si è perso in un bicchiere d'acqua e non è riuscito a spiegare tutto". Is the use of the idiom correct in this context?

   a. It's correct
   b. It's incorrect

4. Complete with the right idiom: "Gabriele studia molto per la sua discussione di tesi, ma è molto ansioso e, a volte ___"

   a. Ha un diavolo per capello
   b. Ha il cuore in gola

c. Suda freddo

d. Si perde in un bicchiere d'acqua

5. "A gonfie vele" means...

a. By boat

b. Very bad

c. Very good

d. I'm stressed

6. Complete: "Anche se Luca non è riuscito a spiegare tutto, la presentazione è andata ___ "

a. A perdifiato

b. A gonfie vele

c. In un bicchier d'acqua

d. Con il cuore in gola

7. Gabriele, before going back home, shows some discomfort because...

a. The dog barks

b. The dog pees on the stairs

c. The dog runs

d. He's tired

8. Ludovico suggests to Gabriele...

a. To study at the library

b. Not to study anymore

c. To move to another apartment

d. To buy earplugs

9.   Ludovico also suggests to Gabriele...

    a. To listen to some rock music while he studies
    b. To go to Giovannella's house to study
    c. To listen to some classical music while he studies, or
    to go to Caffè Rinaldi to study
    d. None of the above

10.  Giovannella promises Gabriele to try to keep the dog
    quiet.

    a. True
    b. False

# CAPITOLO 27
# UN NUOVO INIZIO

La serata di Giovanella, Gabriele, Giuliano, Luana e Ludovico continua tra risate e scherzi. Gabriele inizia pure a giocare con il chihuahua e ci fa amicizia.

"Non è poi così cattivo questo cane. **Avevo una strizza** che mi mordesse, ma è **buono come il pane!**", commenta il giovane studente, mentre fa saltare il cane e lo accarezza.

Giovanella sorride e risponde a Gabriele: "Sai come dice il detto? **Cane che abbaia non morde!**"

"Io non lo toccherò mai, sono felice che la bestiola sia tornata a casa, ma non mi piacciono i cani. Sono più tipo da gatti", commenta acida come al solito Luana.

"Sai, anche a me piacciono di più i gatti.", risponde Giuliano **facendo gli occhi dolci** a Luana.

Ludovico guarda divertito la nascita di una nuova amicizia all'interno di quel palazzo. È un nuovo inizio.

"Come si è fatto tardi! Devo tornare a casa, altrimenti domani mattina non mi sveglio per aprire il Caffè Rinaldi!", esclama Ludovico a un certo punto.

Giovannella accompagna tutti i suoi ospiti alla porta e propone di organizzare un'altra cena, magari come riunione condominiale per risolvere altri problemi e questioni, ma senza litigi.

"Facciamo una cena ogni mese, non troppo spesso, ma neanche **ogni morte di papa**, che ne dite?", propone Giuliano felice.

---

*Lessico*

**risate** laughs
**scherzi** jokes
**strizza** fear
**lo accarezza** he pets, strokes it
**litigio** argument, fight

# QUIZ
# GIORNO 27

1. "Avere strizza" means...

   a. To be happy
   b. To be scared
   c. To be in love
   d. To be a good person

2. Your friend is a very good person. How can you describe him?

   a. Ha una strizza!
   b. Cane che abbaia non morde!
   c. È buono come il pane!
   d. Si perde in un bicchiere d'acqua!

3. Complete with the right idiom: "Non ti preoccupare: Luigi ha l'abitudine di brontolare molto ma in realtà non è cattivo, vedrai, ___!"

   a. A mali estremi, estremi rimedi
   b. Si perde in un bicchiere d'acqua
   c. Cane che abbaia non morde
   d. Va a gonfie vele

4. When do you use "fare gli occhi dolci"?

   a. When you look at someone with a loving expression
   b. When you look at someone with a fearful expression

c. To help somebody

d. When you are a good person

5. "Ogni morte di papa" has the same meaning as "Ogni due per tre".

   a. True

   b. False

6. "Ogni morte di papa" means...

   a. Very often

   b. Sometimes

   c. Always

   d. Very rarely

7. The evening continues...

   a. In silence

   b. In a tense atmosphere

   c. With music

   d. In a relaxed atmosphere

8. Gabriele discovers that the dog is nice.

   a. True

   b. False

9. Luana says she prefers cats.

   a. True

   b. False

10. At the end of the evening, Giovannella proposes...

    a. To all go out together
    b. To stay overnight at her place
    c. To organize another dinner
    d. To go to Ludovico's café

# CAPITOLO 28
# CHE COSA È CAMBIATO:
# PARTE PRIMA

Tutto torna alla normalità, ma senza troppi litigi. Molte cose sono cambiate da quella strana cena con delitto, fatta a casa di Giovannella.

Giuliano si è fatto finalmente coraggio e, con **le farfalle nello stomaco,** ha chiesto a Luana di uscire a cena. L'ha portata in un bel ristorante e hanno passato una bellissima serata insieme. Continuano a uscire tutti i sabato sera e Luana sembra essere meno acida e pignola, da quando esce con Giuliano.

Giuliano continua a confidarsi con Ludovico ogni giorno, ha paura di non piacere troppo a Luana e non vuole **avere il cuore spezzato,** ma il giovane barista gli dice sempre: "Non ti preoccupare, **se sono rose fioriranno.**"

Anche Luana frequenta il Caffè Rinaldi come sempre, ma non parla mai con Ludovico della sua relazione con Giuliano, e continua a lamentarsi dei malfunzionamenti del palazzo e dei suoi vicini di casa, ma adesso prendendo sempre **due pesi e due misure.**

Ludovico guarda divertito i due fidanzatini: è convinto che presto si sposeranno. Lui ha sempre delle buone intuizioni.

**confidarsi** to confide in, to open up
**malfunzionamenti** malfunctionings
**divertito** amused
**peso** weight
**intuizione** intuition

# QUIZ
## GIORNO 28

1. Which part of the body completes the idiom "Ho le farfalle ___"?

   a. Nella testa
   b. Nelle mani
   c. Nello stomaco
   d. Nei piedi

2. "Matteo mi piace tanto, ogni volta che lo vedo ho le farfalle nello stomaco". Is the use of the idiom correct in this context?

   a. Yes, it's correct
   b. No, it's incorrect

3. "Maria ha lasciato Luca e ora lui soffre moltissimo". Which idiom describes his situation?

   a. Cane che abbaia non morde
   b. Se sono rose fioriranno
   c. Ha le farfalle nello stomaco
   d. Ha il cuore spezzato

4. "Aspetta prima di vedere il risultato di questa situazione, forse andrà bene". How can I say this sentence using an idiom?

   a. Morto un papa se ne fa un altro

b. Essere tra l'incudine e il martello

c. Se sono rose fioriranno

d. Cane che abbaia non morde

5. When a person judges people and situations applying different standards, in Italian we say that he/she uses...

a. Due sacchi

b. Un metro diverso

c. Due misure e due pesi

d. Due pesi e due misure

6. Giuliano asked Luana...

a. To have dinner at his house

b. To go out to dinner with him

c. To take a trip together

d. To marry him

7. Since Luana began going out with Giuliano she seems to be...

a. Less fussy

b. Less punctual

c. Happy

d. None of the above

8. Giuliano is afraid of suffering for love.

a. True

b. False

9. Luana continues to complain about...

a. The dog
b. Malfunctions in the building
c. Her neighbors
d. Both answer b and c

10. Ludovico thinks that Giuliano and Luana will break up.

a. True
b. False

# CAPITOLO 29
# CHE COSA È CAMBIATO: PARTE SECONDA

Gabriele ha iniziato a frequentare il Caffè Rinaldi più spesso durante la giornata. Si siede in un angolino a studiare e a lavorare al suo computer. È ancora molto irrequieto, ma Ludovico lo incoraggia sempre dicendogli che tutto andrà **liscio come l'olio**.

Gabriele continua a stendere il bucato sopra il tetto, nonostante le numerose lamentele di Luana: ha però promesso che dopo la laurea inizierà a usare l'asciugatrice, ma ora che deve studiare non ha abbastanza tempo. Adesso si lamenta meno del cane della signora Giovannella, da quando studia al Caffè si lamenta dei clienti che entrano e chiacchierano all'interno del locale.

"Secondo me dovresti studiare in biblioteca.", gli propone Ludovico.

"La biblioteca è troppo silenziosa per i miei gusti.", risponde sempre Gabriele.

È proprio **matto da legare** a volte quel ragazzo!

La signora Giovannella ha confessato di lasciar uscire ancora il cane a fare la pipì sul pianerottolo, lo fa solo quando non ha il tempo di portarlo fuori: "Mi raccomando Ludovico, **acqua in bocca**! Non se ne è accorto ancora nessuno."

Ludovico assiste divertito a quel teatrino di eventi. Nessuno è cambiato, ma sono cambiati i modi in cui i quattro vicini si relazionano tra di loro.

---

*Lessico*

**angolino** corner
**irrequieto** agitated, troubled
**bucato** laundry
**teatrino di eventi** show of events
**(loro) si relazionano** they relate to each other

# QUIZ
## GIORNO 29

1. To say that everything will be fine, in Italian we use the idiom "Liscio come___"

   a. L'acqua
   b. Il sale
   c. Il vino
   d. L'olio

2. Your friend is worried about a dinner that she has organized, you want to reassure her and tell her that everything will go smoothly. What could you tell her?

   a. Tutto andrà liscio come l'olio!
   b. Sei matta da legare!
   c. Acqua in bocca!
   d. Diamo tempo al tempo!

3. Complete this idiom that expresses the idea that you are really crazy: "Sei matto___"

   a. In bocca
   b. Da legare
   c. Come l'olio
   d. In piedi

4. How would you say "Don't reveal this news!" using an idiom?

   a. Prende lucciole per lanterne

b. Ha le braccine corte

c. Si è persa in chiacchiere

d. Cerca un ago in un pagliaio

5. "Braccine" is the short form for...

a. Gambe

b. Braccia

c. Occhi

d. Mani

6. "Ludovico inizia a giocare un po' a fare Sherlock Holmes" means that...

a. He tries to find clues

b. He reads a detective story

c. He starts playing a game

d. He says he likes Sherlock Holmes

7. Ludovico also notices that...

a. There's no dog bowl

b. The dog's bowl is empty

c. The dog's bowl is full

d. None of the above

8. Giovannella's house is tiny

a. True

b. False

9. "L'appartamento era pieno di cianfrusaglie", means that it was...

a. Full of useful things
b. Full of furniture
c. Full of junk
d. Full of books

10. Giovannella's cuisine is...

a. Small and full of things
b. Small and simple
c. Small and messy
d. Big and simple

# CAPITOLO 30
# LA VITA CONTINUA
# A TRASCORRERE AL
# CAFFÈ RINALDI

La vita continua a trascorrere al Caffè Rinaldi e Ludovico pensa di avere il lavoro più bello del mondo. Alla fine non lo cambierebbe mai con il mestiere dell'investigatore. Preferisce continuare a leggere i romanzi di Sherlock Holmes, quando non ha nessun cliente al bancone.

Il mestiere del barista è come quello di un confessore: a Ludovico piace incontrare volti nuovi e volti conosciuti, parlare con la gente e costruire, nella sua testa con la fantasia, la storia di ognuna delle persone che passa dal suo bar per un caffè o un dolcetto.

"**Ho fatto tombola** a prendere il caffè del nonno.", dice un giorno a Giuliano, "questo lavoro mi dà soddisfazione e poi ho l'occasione di partecipare a quelle belle cene a casa di Giovannella ogni tanto!"

"**Ti piace avere la botte piena e la moglie ubriaca**, eh? Ho saputo che ceni quasi tutte le sere con Giovannella.", commenta ironico Giuliano, "Comunque, ci vediamo domani sera da Giovannella, giusto?"

"Certo, non vedo l'ora di assaggiare il suo famoso arrosto. Ho già **l'acquolina in bocca**. Giuliano, guarda che bel tramonto c'è fuori... Come è il detto? Rosso di sera..."

**"Rosso di sera bel tempo si spera"**. Speriamo di non litigare come la scorsa volta a cena!"

*Lessico*

**bancone** counter
**confessore** confessor
**volti** faces
**assaggiare** to taste, try
**arrosto** roast
**tramonto** sunset

# QUIZ
# GIORNO 30

1. "Ho fatto tombola a prendere il caffè del nonno" means that Ludovico...

   a. Had a bad chance
   b. Is lucky at games
   c. Loves the bar
   d. Had a good chance

2. Wanting everything without giving up anything. How can you say this using an idiom?

   a. Avere la botte piena e la moglie ubriaca
   b. Essere tra l'incudine e il martello
   c. Rosso di sera bel tempo si spera
   d. Dare tempo al tempo

3. "Ho dimenticato l'arrosto in forno, l'odore di bruciato si sente in tutta casa. Ho già l'acquolina in bocca!" Is the use of the idiom correct in this context?

   a. It's correct
   b. It's incorrect

4. What does the proverb "Rosso di sera bel tempo si spera" refer to?

   a. Wine
   b. Sunrise

c. Sunset

d. Leaves

5. "Vedrai che domani sarà una bella giornata, rosso di sera bel tempo si spera!". Is the use of the idiom correct in this context?

   a. It's incorrect

   b. It's correct

6. Ludovico...

   a. Loves his work

   b. Wants to become a detective

   c. Wants to close the bar

   d. Wants to read a novel

7. He says being a bartender is like

   a. Being invisible

   b. Dreaming

   c. Being a friend

   d. None of the above

8. Gabriele has dinner almost every night with Giovannella.

   a. True

   b. False

9. The two guys watch the sunset and they say "Rosso di sera bel tempo si spera" because they are sure that dinner will be a disaster again.

a. True
b. False


10. They hope that at dinner...

a. They will eat well
b. They will not fight like last time
c. Everyone will participate
d. The dog won't bark

*FINE*

# ANSWER KEY

## GIORNO 1

1. b
2. a
3. b
4. d
5. c
6. d
7. a
8. c
9. b
10. a

## GIORNO 2

1. b
2. d
3. c
4. a
5. d
6. b
7. d
8. b
9. a
10. c

## GIORNO 3

1. a
2. b
3. d
4. c
5. d
6. b
7. a
8. d
9. c
10. b

## GIORNO 4

1. d
2. a
3. b
4. c
5. a
6. d
7. d
8. b
9. a
10. b

## GIORNO 5

1. b
2. c
3. b
4. d
5. d
6. a
7. b
8. a
9. d
10. b

## GIORNO 6

1. c
2. b
3. b
4. d
5. a
6. b
7. b
8. d
9. a
10. c

## GIORNO 7

1. b
2. c
3. d
4. a
5. b
6. a
7. b
8. d
9. a
10. d

## GIORNO 8

1. b
2. a
3. c
4. d
5. c
6. b
7. a
8. b
9. d
10. a

## GIORNO 9

1. b
2. d
3. a
4. a
5. c
6. a
7. c
8. c
9. b
10. d

## GIORNO 10

1. b
2. a
3. d
4. b
5. c
6. d
7. a
8. a
9. c
10. b

## GIORNO 11

1. b
2. b
3. c
4. c
5. b
6. a
7. b
8. d
9. a
10. a

## GIORNO 12

1. c
2. a
3. b
4. d
5. a
6. b
7. b
8. a
9. c
10. d

## GIORNO 13

1. d
2. d
3. c
4. b
5. b
6. a
7. c
8. b
9. c
10. b

## GIORNO 14

1. a
2. c
3. c
4. b
5. d
6. b
7. d
8. b
9. d
10. a

## GIORNO 15

1. d
2. a
3. b
4. b
5. c
6. a
7. b
8. b
9. c
10. d

## GIORNO 16

1. b
2. a
3. d
4. b
5. a
6. b
7. c
8. c
9. a
10. a

## GIORNO 17

1. b
2. a
3. c
4. d
5. c
6. b
7. a
8. b
9. b
10. d

## GIORNO 18

1. b
2. d
3. a
4. d
5. d
6. c
7. b
8. c
9. a
10. b

## GIORNO 19

1. b
2. b
3. a
4. d
5. d
6. a
7. b
8. b
9. d
10. b

## GIORNO 20

1. a
2. b
3. d
4. c
5. d
6. b
7. a
8. d
9. c
10. b

## GIORNO 21

1. b
2. d
3. a
4. a
5. c
6. a
7. c
8. c
9. b
10. d

## GIORNO 22

1. d
2. d
3. c
4. b
5. b
6. a
7. c
8. d
9. c
10. b

## GIORNO 23

1. c
2. b
3. a
4. d
5. b
6. b
7. c
8. a
9. d
10. a

## GIORNO 24

1. d
2. a
3. b
4. c
5. d
6. b
7. c
8. a
9. b
10. d

## GIORNO 25

1. d
2. c
3. d
4. b
5. d
6. b
7. a
8. b
9. d
10. a

## GIORNO 26

1. a
2. b
3. a
4. d
5. c
6. b
7. a
8. d
9. c
10. a

## GIORNO 27

1. b
2. c
3. c
4. a
5. b
6. d
7. d
8. a
9. a
10. c

## GIORNO 28

1. c
2. a
3. d
4. c
5. d
6. b
7. a
8. a
9. d
10. b

## GIORNO 29

1. d
2. d
3. c
4. b
5. b
6. a
7. c
8. b
9. c
10. b

## GIORNO 30

1. d
2. a
3. b
4. c
5. b
6. a
7. d
8. a
9. b
10. b

# NOTES

# THANKS FOR READING!

I hope you have enjoyed this book and that your language skills have improved as a result!

A lot of hard work went into creating this book, and if you would like to support me, the best way to do so would be to leave an honest review of the book on the store where you made your purchase.

Want to get in touch? I love hearing from readers. Reach out to me any time at olly@iwillteachyoualanguage.com

To your success,

*Olly Richards*

# MORE FROM OLLY

If you have enjoyed this book, you will love all the other free language learning content I publish each week on my blog and podcast: *I Will Teach You A Language*.

**Blog**: Study hacks and mind tools for independent language learners.

*http://iwillteachyoualanguage.com*

**Podcast:** I answer your language learning questions twice a week on the podcast.

*http://iwillteachyoualanguage.com/itunes*

**YouTube:** Videos, case studies, and language learning experiments.

*https://www.youtube.com/ollyrichards*

# COURSES FROM OLLY RICHARDS

If you've enjoyed this book, you may be interested in Olly Richards' complete range of language courses, which employ his "Story Learning" method to help you reach fluency in your target language.

Critically acclaimed and popular among students, Olly's courses are available in multiple languages and for learners at different levels, from complete beginner to intermediate and advanced.

To find out more about these courses, follow the link below and select "Courses" from the menu bar:

*https://www.iwillteachyoualanguage.com*

*"Olly's language-learning insights are right in line with the best of what we know from neuroscience and cognitive psychology about how to learn effectively. I love his work!"*

Dr. Barbara Oakley,
Bestselling Author of "A Mind for Numbers"